Pan House
Casa Editorial

D1713181

Editorial PanHouse
www.editorialpanhouse.com

Edición general:
Jonathan Somoza
Gerencia general:
Paola Morales
Gerencia editorial:
Barbara Carballo
Coordinación editorial:
Julio López
Edición de contenido:
Verónica Florez
Corrección editorial:
Francis Machado
Corrección ortotipográfica:
María Antonieta Flores
Fotografía de portada:
Nailah Barcelona @nailahbarcelona
Diseño, portada y diagramación:
Audra Ramones

ISBN: 9798414894070

DE LA TRAGEDIA AL ÉXITO

Un camino inspirador
de lo imposible a lo increíble

Para Jenny,
Recuerda que tú exito
también es inevitable.
Los obstaculos son aprendizajes
y los fracasos es la forma
más rápido de llegar a la
cima.

Betty Palomino

Pan House

ÍNDICE

DEDICATORIA

Esta obra está dedicada a todas las personas que también quieren ser imparables, a mi padres, a quienes amo con todo mi corazón, Rafael Dario Palomino, mi padre, que a pesar de sus equivocaciones me enseñó a soñar siempre en grande. Aunque ya no está físicamente conmigo en este mundo, sé que estaría muy orgulloso de que escribiera este libro y que sigue ahí para mí, dándome esa fuerza que me impulsa para ser cada día mejor persona. A mi madre, Mary Luz Murcia, que me enseñó con su ejemplo cómo ser una persona responsable con valores y principios inquebrantables. En especial a ella que ha sido la persona que más ha sufrido en este mundo por mí, al ver todo lo que pasé, pero que gracias a su amor infinito de madre me dio las fuerzas para no desfallecer.

A mis tres hermosos hijos que han sido la luz de mi vida: Laura Valentina, Ricardo Andrés y Danielita que fueron y serán la inspiración de mi alma para hacer lo inalcanzable, y a mi esposo, Daniel Buitrago, que con su cariño, apoyo, respeto y admiración me enseñó a creer que la pareja es esencialmente importante para estar en sintonía y poder juntos llegar a las metas propuestas, como dicen "si quieres llegar más rápido, camina solo, pero si quieres llegar más lejos, camina acompañado". A mis nietas: Ivanka y Victoria, a toda mi descendencia. Y por último a esas personas que veo como mis ángeles que creyeron en mí y me ayudaron cuando más lo necesité: Benjamín Rincón, Doris Moreno, Julio Santana y Evelyn Zaldana.

AGRADECIMIENTOS

Ser agradecidos es uno de los niveles más altos del espíritu. Cuando hay humildad en nuestros corazones nos relacionamos más con Dios y de una mejor manera con los demás. El siempre estará en primer lugar en esa lista; al que le debo todo, el que sembró en mí la fe para levantarme de una silla de ruedas y ser testimonio de su grandeza.

Agradezco cada victoria y cada fracaso que tuve, porque todas esas pruebas, todos esos desiertos que atravesamos, son experiencias y aprendizajes que al final se convierten en las mejores academias de la vida.

Dios no une personas, sino propósitos por eso doy gracias por tener un gran equipo de trabajo: Diego, Juan Camilo, Angelina, Ximena, Salomón, Álvaro, Fiorella, Alex que sin su valiosa colaboración laboral sería más difícil conquistar cada objetivo que nos trazamos.

También quiero agradecer a cada una de las personas que me ayudaron con un comentario para la publicación de este libro, les retribuyo desde estas líneas todo el amor que transmiten.

Y por último, mis agradecimientos a la editorial PanHouse y su gran equipo de colaboradores que me apoyaron en todo momento para poder publicar mi historia de superación personal y cumplir mi propósito de llevar un mensaje de fe y esperanza a todos aquellos que deseen levantarse y salir de sus desiertos.

Gracias.

SOBRE LA AUTORA

Betty Palomino es administradora de empresas y emprendedora, pues a través de los frutos de su esfuerzo, y de los caminos recorridos con subidas y bajadas, hoy es una exitosa empresaria que tiene su propia compañía de venta e instalaciones de materiales. Su camino al éxito estuvo lleno de circunstancias que han marcado de forma significativa su vida.

Hace dieciséis años un accidente cambió en cierto modo su vida, pues para ella esta sería su primera victoria, logrando vencer con fe y determinación una nueva etapa en su vida, creando y fundando su propia compañía de venta de materiales e instalaciones para proyectos y servicios de reparación de techos de Roofing & Siding.

Hoy por hoy, Betty es una directora ejecutiva experimentando un historial de trabajo comprobado en la industria de la construcción durante más de quince años. Con experiencia en gestión empresarial y liderazgo pudo construir una empresa de techos que ha conquistado la confianza de sus clientes.

Con compromiso y pasión por la empresa ha creado un equipo motivado con la idea firme de realizar el trabajo requerido para satisfacer las necesidades y deseos de sus clientes.

14

Betty nos dice que cada nuevo amanecer es una oportunidad para disfrutar, mejorar, crecer, ser mejor persona; para sonreírle a la vida, vencer el miedo, aprender a disfrutar de la felicidad y lidiar con el dolor.

COMENTARIOS

"Amada Betty Palomino, desde que naciste demostraste tu afán de crecer, de amar la vida, de correr por ella con tu risa cautivando a todos. Querías conocer y saber del mundo con avidez; pasó rápido tu niñez. Creciste llena de ilusiones, estudiaste, trabajaste, fuiste madre muy joven construyendo una vida llena de alegrías, planes y realizaciones. Pero un día, de tu maravillosa juventud, pareció nublarse tu sol, quedaste en una noche oscura, ¡casi en cenizas! Y a pesar del pronóstico médico, con la ayuda de Dios te levantaste de esas cenizas y viste que por encima de las nubes ¡seguía brillando tu sol! ¡Revivió la esperanza!, y por el camino de tu noche oscura llegaste a tu amanecer con tu fuerza y tu sonrisa buscando el antídoto para tus dolores y desilusiones.

Como brisa fresca en el desierto de la vida ¡¡¡te levantaste!!! Como el ave fénix que llevas en la cicatriz de tu noche oscura. Disfruta del ahora que vives, avanza resuelta, sigue creciendo enseñándole al mundo que por el camino de una noche oscura se lucha para llegar al amanecer. ¡Felicitaciones!, de alguien que te ama y siente mucho orgullo de ser TU MAMÁ".

Mary Luz Murcia de Palomino

Madre de la autora

"La historia de Betty me cautivó de principio a fin. Su irreverencia ante la adversidad y su valentía frente a las dificultades son un regalo para la reflexión. Su relato es, sin duda, fuente de inspiración".

Rafael A. Villegas

Executive director

Georgia Hispanic Construction Association

"Hemos estado escuchando sobre Betty hace un par de meses. Su historia fue una locura de creer porque estuvo paralizada de la cintura para abajo después de un accidente, y los doctores le pronosticaban que sería imposible que caminara nuevamente.

Ella incluso fue a terapia para entender su vida en silla de ruedas. Sorprendentemente ella siguió adelante y ahora camina y fue mucho después de lo sucedido.

Llegar a conocerla y escuchar su historia en persona, realmente te hace sentir agradecido. Ella es una fuente de inspiración. Vivimos en una sociedad donde pensamos que todo ya está establecido, pero la verdad es que no. Es un proceso constante de aprendizaje.

Que ella esté registrando toda su experiencia en un libro es algo muy poderoso. Si fuimos impactados por su historia, estoy seguro de que su obra será capaz de crear mentes fuertes en otras personas, no solo aquellos quienes han tenido accidentes, sino en general, personas que han pasado por altibajos. Estos son los tipos de historias que merecen ser transmitidas masivamente alrededor del mundo porque pueden tener un importante impacto en la vida de otros".

JuanPa Zurita
Mexicano, *influencer*, *vlogger*, actor y modelo

"Betty Palomino representa la historia de muchas mujeres que en contra de todos los pronósticos triunfa por su tenacidad, su fe y su capacidad de trabajo. Conocer su historia permite entender que todas las circunstancias son pasajeras y que con los escombros de situaciones extremadamente difíciles se pueden crear escaleras para avanzar. Betty ha forjado el éxito profesional a través de su empresa de materiales de *roofing* y al mismo tiempo genera oportunidades para sus empleados y su comunidad, lo cual debe ser reconocido y emulado por todos los emprendedores que están buscando no solo crecer sino dejar un legado.

Felicitaciones a Betty y su familia por este libro que narra las dificultades que parecen infranqueables y la manera de superarlas, con actitud, compromiso y visión".

Maricielo Fuller
Manager de Comunicaciones en Argos USA

"Una historia de superación y resiliencia que nos enseña que nada detiene a una mujer luchadora. Pura inspiración para perseguir nuestros sueños".

Laia Arcones
Women mentor
Autora española del best seller MamaBoss

"Definitivamente Betty Palomino a través de este libro servirá de inspiración y ejemplo de superación no solo para las mujeres, sino para cualquier persona que se encuentre dudando de sus capacidades incluso teniendo todo para triunfar. Una historia de vida que pasa por muchas adversidades pero que pone de manifiesto que con fe y trabajo duro los milagros suceden a pesar de tener todo en contra".

Angelina Argumedo
Financial manager
BRS Roofing Supply

"Aplausos para una gran señora como lo es Betty Palomino, una madre amorosa y buena esposa, una mujer dulce y cariñosa. Ella es una persona muy linda, fuerte y luchadora que a pesar de todo lo que ha vivido nunca ha desmayado; sigue luchando por sus sueños. Yo he tenido la oportunidad de conocerla desde hace ya varios años y admiro mucho sus esfuerzos del día a día. Es una persona con un gran corazón y la aprecio mucho".

Gladis Rodas

Manager Cleaning Service

"Cautivadora, interesante y triunfadora, serían las palabras para definir la historia de Betty. El libro muestra cómo un ser humano puede recuperarse a pesar de las adversidades que se pueden presentar en la vida y nos motiva a ser parte de esos guerreros que en realidad nos gusta vivir. Esta historia real nos recuerda la capacidad que el ser humano tiene para desarrollar habilidades cuando el mundo se viene en nuestra contra; nos inspira y nos mantiene atentos a lo que se va desarrollando en cada etapa o capítulo".

Diego Guevara

Sales manager y business developer

BRS Roofing Supply

"La historia de Betty Palomino te convence de que no hay imposibles en esta vida. Cada caída representó para ella un reto y nunca se dio por vencida, incluso cuando la ciencia y los doctores no veían las posibilidades de que volviera a caminar.

En su libro Betty recuenta su lucha, sus vivencias y su camino hacia el éxito como mujer, madre y empresaria. Una obra inspiradora que estoy segura marcará la vida de muchas personas y llenará de esperanza a quienes buscan ver la luz en sus caminos".

María Alejandra Bastidas
VP de Contenido Digital de MundoHispánico

"Soy un diseñador colombiano y fan número uno de Betty Palomino. Ella es una mujer inspiradora, con un tesón de superación increíble. Para Betty no existe la limitación y ha salido adelante con todas las adversidades y los bajones que ha tenido. Ni siquiera haber quedado casi inválida a causa de un accidente la detuvo. Ha sabido volver positivos los momentos difíciles y a pesar de los cuales ha salido adelante con optimismo, siempre mostrando esa bonita luz interna, que externamente la vuelve una mujer bella y con muchas ganas de vivir. Betty es de admirar, construyó una linda familia y creó una gran empresa en un país que no es el de ella. En su libro describe su vida, que no ha sido fácil, pero las ganas de superación han sido más".

Hernán Zahar
Fashion designer

"Desde que conocí a Betty vi en ella una persona emprendedora, firme en cada paso que da y que nunca se abate ante los retos que le surgen en la vida. Tiene una personalidad y un carácter admirable dejando entrever, en ciertas circunstancias, su lado maternal. Gracias a su increíble historia es que ahora inspira a muchos, incluyéndome a mí. Gracias Betty por dejarme ser parte de tu historia".

Juan Camilo Pulido Jauregui
Arquitecto - BRS Roofing Supply

"En la vida siempre tendremos obstáculos, momentos maravillosos y desagradables, pero el secreto está en ser agradecidos con Dios, porque estos malos momentos nos traerán nuevos aprendizajes y crearán otra versión de nosotros; el objetivo no está en luchar o esconder nuestras debilidades sino en tomarlas como un impulso para la batalla.

¡Las cicatrices son las marcas de superación que solo un verdadero guerrero posee!

Es así como Betty Palomino no tuvo miedo de volar y hoy nos cuenta la travesía de su vida desde el inicio, en un pequeño pueblo de Colombia, hasta convertirse en una exitosa empresaria pionera del *roofing* en Atlanta, Estados Unidos. Con su relato nos enseña que es posible cumplir nuestros sueños si salimos de la zona de *confort*, mostrándonos que no hay obstáculos ni peros cuando la mente y el corazón tienen una fuerza brutal para devorarse el mundo. Esta es una hermosa historia 100% real que vale la pena leerla cada día para inspirarnos y no olvidar que somos capaces de lograr el éxito, porque si hay amor, TODO es posible.

¿Ahora estás dispuesto a cumplir tus sueños?".

Ximena Ortiz
Directora de marketing
BRS Roofing Supply

"Después de haber leído este libro, me hizo sentir no solo inspirado sino también muy sorprendido al aprender tanto de los matices de una historia que ni siquiera yo conocía aun siendo el único hijo de la autora. Estoy tan emocionado por la publicación de este libro, porque va a comunicar la experiencia de una mujer que perdió todo en el periodo de un par de segundos, pero también la historia de cómo una mujer maximizó los pocos recursos que tenía para recuperar todo lo que perdió. Espero que este libro pueda servir como un recordatorio para todas las madres solteras del mundo, de que el éxito siempre es una posibilidad, independientemente de lo difícil que sea la circunstancia y la lucha".

Ricardo Andrés De León
Hijo de Betty Palomino

"Desde el día que empecé a conocer a Betty su historia impactó mi vida. Es admirable su espíritu de victoria, es una mujer que ha tenido que batallar con pruebas físicas que no todo el mundo tiene la fortaleza para enfrentar; ella tuvo la determinación para seguir adelante aun cuando el mundo, tal como ella lo conocía, se había derrumbado.

Ella es un testimonio de que nada es imposible; sé que va a motivar no solo a mujeres, sino a todo aquel que lea su biografía, a todos los que en algún momento han dudado de sus capacidades; abrirá los ojos de aquellos que muchas veces nos inventamos excusas para no avanzar o aquellos que al primer obstáculo se rinden, cuando la realidad es que muchas veces los límites están en nuestra manera de pensar y ver las cosas.

Betty a través de su semblanza, nos demuestra que los milagros sí existen, pero que nosotros debemos hacer nuestra parte también, nunca dejen de soñar, hay que ser persistentes, trabajar cada día en conseguir nuestras metas y sueños.

Estoy sumamente agradecido de que Dios uniera nuestro camino, no puedo imaginar una mejor madre y un mejor ejemplo para nuestros hijos".

Daniel Buitrago
Operations manager - BRS Roofing Supply
Esposo de Betty Palomino

24

"Betty es un huracán, una mujer como las de ayer, siempre en movimiento, imparable. Conocí a Betty hace muchos años cuando lideraba el área de mercadeo digital de Santafé Mall y desde esa época entendí que aquello que se proponía lo lograba. El mercadeo en ese momento no era su fuerte, pero por donde metió la cabeza sacó el cuerpo.

Este libro es una lección real, no solo de vida para cualquier lector, sino de emprendimiento porque relata los altos y bajos por los que las personas pueden llegar a transitar para lograr sus sueños. Este es un libro de amor, de amor a lo que amamos, a la vida, a la familia, a los anhelos más arraigados; en donde conocemos a una mujer, a una madre, a una hija, esposa, defendiendo como leona aquello que le da sentido a su existencia.

No tenemos que pasar por una tragedia para sentirnos vivos, para empezar a hacer, todos los días nos debemos levantar agradecidos y luchar por nuestro proyecto de vida, por lo que amamos. Este es parte del mensaje que Betty Palomino nos da con su historia de vida".

Carlos Cortés
Director de agencia

"Hablar de Betty Palomino, es un enorme placer. Como cirujano plástico la recibí en mi consulta y al escuchar su historia de superación, aunado a sus deseos de mejorar más en su calidad de vida , me impactó inmensamente. En mi profesión, a lo largo del tiempo, he recibido un sinnúmero de pacientes con motivos diferentes para ser atendidos y siempre lo hago con el mayor del cariño y compromiso, pero quiero contarles que la historia de Betty me hizo reflexionar profundamente sobre el poder de la mente por encima de los problemas físicos que tengamos. Hablar hoy con ella, me genera alegría y me siento bendecido porque me eligió a mí como uno de sus médicos para aportar un granito de arena en esta evolución maravillosa. Estoy seguro de que este libro va a contribuir con inmensas enseñanzas para nuestra generación, porque ella es un ejemplo viviente de superación que no tiene límites".

Dr. Gabriel Alvarado García

Cirujano plástico, estético y reconstructivo

Bogotá, Colombia

"En el año del 2007 conocí a Betty Alejandra Palomino en Atlanta Georgia, ella iba al mismo gimnasio que yo. La primera impresión que tuve fue la de una mujer muy valiente, que estaba subida en una caminadora con pesas en sus pies, luchando con dificultad ,lógicamente, para poder hacer sus ejercicios; pero con una cara de satisfacción y de poder. Ahí nos veíamos mínimo cuatro veces en la semana. Empezamos a compartir en reuniones de nuestros hijos y logramos una amistad bonita . Pasó el tiempo, y viajamos varias veces a Nueva York en fechas especiales para ver a mi familia; ella con sus hijitos y yo con mi hijo menor. Siempre nos reuníamos con nuestras familias y así la amistad cada día se hizo más fuerte y fui fiel testigo de sus grandes progresos en la parte laboral como en lo que a su corazón concierne. A pesar de encontrar tristezas y desilusiones jamás se dio por vencida, al contrario, siempre la vi como el ave fénix ,renaciendo con más entereza y fuerza. Ahora pienso que tiene mucho que ver su fuerte carácter que la determinaba como una mujer de acero".

Doris Moreno
Esteticista, Bio Spa by Glory

"Conozco a Betty desde hace más de ocho años. Ella ha superado increíbles dificultades personales, cuando todas las probabilidades estaban en su contra; no sólo se sobrepuso, sino que prosperó y hoy en día es una de las mujeres más exitosas y una de las latinas con los negocios más prósperos aquí en Atlanta, Georgia. Es un honor para mí llamarla amiga, pero lo más importante es que estoy orgulloso de sus logros y del modelo de persona que es para los demás".

César Y. Abadía
Vicepresidente Gerente del Área de Negocios Bancarios CHASE

"Doy gracias a Dios por la vida de Betty Palomino, desde el primer día que nos conocimos, dejó en mi un mensaje edificante. Ella representa un ejemplo claro de dedicación y constancia, de que en la vida podemos encontrar obstáculos, pero la actitud con la que los enfrentemos, será la clave para seguir avanzando y conquistar nuestros sueños, así como ella lo logró y lo sigue haciendo día a día. Estoy convencido de que este libro cambiara positivamente la forma de pensar de muchas personas, abriendo un sin fin de oportunidades porque cambiará paradigmas y otorgará una nueva visión de la vida.

Mi nombre es Julio César Cabrera, CEO de "La Rambla Studio Creativo" en República Dominicana. Somos una agencia creativa especializada en la generación de contenido gráfico y audiovisual para soportes digitales y convencionales conformada por profesionales con más de 15 años de experiencia en medios de comunicación y agencias de publicidad. Tenemos presencia en distintos países a través de alianzas estratégicas como por ejemplo Whayd en Barcelona, España".

Julio César Cabrera
CEO de "La Rambla Studio Creativo"

"Conocer a Betty Palomino ha sido algo maravilloso. Conocer su historia fue algo que me impactó no solo por todas sus duras experiencias, pero por la tenacidad con la que Betty ha logrado superar las pruebas de la vida. Betty es una mujer luchadora, emprendedora y perseverante".

Johana Alonso

Realtor

INTRODUCCIÓN

Cuando recordaba el 12 de febrero de 2006, la fecha que cambió mi vida para siempre, un escalofrío recorría todo mi ser. Con el paso del tiempo, lo he sentido con menos intensidad. Hoy veo la mujer en la que me he convertido y los éxitos personales y profesionales que he obtenido, y entiendo cómo, sin proponérmelo, he servido de inspiración a las personas que me conocen. Siento que ha valido la pena tanto esfuerzo físico y mental.

Hoy puedo decir, con toda seguridad, que soy una ganadora. El día del accidente me puso en una situación en la que jamás había estado: yo, que nunca había sufrido ni la fractura de un hueso, me encontré parapléjica. Una persona acostumbrada a estar en movimiento, a disfrutar plenamente de su independencia, se encontró sentada en una silla de ruedas con las piernas totalmente paralizadas.

Solo las personas que han pasado por un proceso como el mío pueden entender un poco más lo difícil que es. Reconozco que hay personas que están en situaciones más difíciles que la mía; y que pudo haber sido peor: pude haberme golpeado mi cabeza y sufrir una contusión cerebral, haber afectado mi cerebro, recibir una lesión en la columna que me impidiera mover mis brazos. Pude haber muerto y dejado a mis hijos sin su madre, darles a mis padres el dolor más grande: el de perder un hijo.

Antes de la tragedia, las cosas no podían ir mejor. Una colombiana que había llegado a Estados Unidos comenzando desde cero, estaba finalmente alcanzando el sueño americano. Me sentía imparable, próspera: tenía las riendas de mi vida. Pero en el momento en que enviaba señales a mis piernas y estas no respondían, todo lo que había construido se vino abajo.

En mis momentos más oscuros, me preguntaba qué había hecho para merecer el accidente. Estaba en un estado de mucha frustración. ¿Por qué Dios había escogido este destino para mí? Repasaba la película de mi vida, buscando alguna señal que me diera respuesta. Pero me di cuenta de que no podía ni controlar ni culpar al destino. Trataba de mantenerme en el presente, sin dejar que un pasado incambiable me hiciera retroceder. Tenía que ser responsable por mí misma.

En una oportunidad viajé a los parques de Disney en Orlando, Florida. Sentada en mi silla de ruedas, veía el ir y venir de las personas, caminando, moviendo sus piernas, inconscientes de ese milagro cotidiano. Había mucha gente, muchísima. Pensé en todas las personas que existían en el planeta, y ante tal cantidad e inmensidad, solo podía preguntarme por qué, entre todos ellos, me había tocado a mí.

Betty en silla de ruedas con Ricardo
en las piernas.

No me sentía "yo" en aquel cuerpo nuevo que había cambiado
tanto en la silla de ruedas y cuyas piernas no respondían. Dejaba
de pensar en mis hijos, en mi madre, en toda mi familia, y deseaba
morirme. Me quería morir. Quería desaparecer. ¿Por qué no
había muerto en el accidente? ¿Por qué tuve que quedarme en
esta media existencia?

A pesar de estar sumida en aquella depresión, una parte esencial
de mí no dejaba de latir: mi obstinación. Si yo quería algo, lo
podría lograr. Justo como me superé en todos mis trabajos, desde
el primero hasta el último, podría superar esta situación. Contra
todo pronóstico y diagnóstico, yo saldría de la silla y recuperaría
mi independencia. Me recuperaría a mí misma.

Ahora puedo decir que, tal vez, todo esto fue una señal de Dios,
la vida o el destino, que me indicaba que desacelerara, que tomara

las cosas con más calma. Y eso fue lo que aprendí en el proceso de mi recuperación: la paciencia, el saber apreciar los momentos y las personas, sentir el amor verdadero, apreciar cada detalle sin importar lo minúsculo o cotidiano que pueda ser.

Nada en esta vida es fácil, nada se regala ni se obtiene de la noche a la mañana. La discapacidad me llevó a un estado de mucha vulnerabilidad. Pero escuchar las palabras de mi familia y mis compañeros más cercanos me hacían sentir segura de que no estaba sola: "Usted es una berraca", "Usted es digna de admiración".

Pensaba que el accidente era lo peor que me podía pasar, pero era incapaz de anticipar lo que venía: un divorcio que me dejaría sola con mis hijos, una relación con alguien que me maltrataría física y psicológicamente. En ese momento, sentí que tenía dos caminos: quedarme ahí, sufrir un infierno que, poco a poco, me apagaba, nunca dejar ir el pasado y aceptar una vida que no era vida; o comenzar a pensar en un futuro que solo yo podía cambiar.

No existen personas con discapacidad, existen mentes incapaces. A pesar de las limitaciones físicas que hoy poseo, en donde fue golpeada ferozmente mi vanidad, aprendí que es más importante la belleza interior que la exterior porque esa belleza exterior es efímera y pasa con el tiempo o se puede perder en cualquier momento. Sigo siendo Betty, sigo siendo la mujer trabajadora y emprendedora que siempre he sido. Soy madre, soy esposa. Soy lo que quiero ser porque sé que puedo lograr lo que sea. Si me propongo superar este accidente y sus secuelas, sé que lo lograré.

Quince años de Valentina.

CAPÍTULO I

EL ROSTRO DEL ÉXITO

Enfócate y no pierdas tu norte: con la mejor actitud y entusiasmo, las cosas se darán.

Betty P.

Nací en Honda, un municipio colombiano ubicado al norte del departamento de Tolima, en el interior del país. Limita con los departamentos de Cundinamarca y Caldas. En el siglo XIX, fue el primer puerto fluvial del país, cuyo auge se prolongó hasta principios del siglo XX. Es conocido por el fenómeno de la "subienda" del pescado, que consiste en el desove de los peces que llegan de las ciénagas de la costa norte entre enero y marzo. Forma parte de la Red de Pueblos Patrimonio de Colombia. Ahí vivimos momentos únicos. Era un pueblo muy tranquilo. Los mejores momentos de mi infancia ocurrieron ahí.

Betty Palomino a los dos años.

El 13 de noviembre de 1985, la avalancha del volcán Nevado del Ruiz arrasó con el municipio de Armero. El fin del mundo llegó para una población que no fue evacuada a tiempo del lugar. La tragedia de Armero fue un desastre natural que afectó a los departamentos de Caldas y Tolima en Colombia. Por esta razón, mis padres decidieron salir de Honda para ir a vivir a Bogotá, la capital de Colombia, a empezar una nueva vida.

Betty con su mamá y con sus hermanas.

De niña solía decirle a mi madre: "Cuando sea grande, quiero ser una mujer sofisticada. Quiero viajar por todo el mundo, quiero conocer gente". Esa determinación vino conmigo al mundo. Nunca tuve miedo o pena de ser quien soy ni de hacerme conocer a los demás.

Madre de Betty.

Mi madre es bioquímica, solía dar clases en colegios y universidades; mi padre era comerciante: un soñador y una persona muy sociable. Cuando yo tenía quince años, ella se divorció de mi padre porque él bebía demasiado. Nos quedamos con ella, mi hermana Andrea y yo. La responsabilidad económica había recaído fuertemente sobre sus hombros, a sus cuarenta y cinco años, con su gran preparación académica, comenzó a manejar un taxi debido que por la edad que tenía en ese momento era muy difícil en Colombia conseguir un trabajo en lo que ella había estudiado. Se propuso que su prioridad sería cuidar de mi hermana y de mí. Es una mujer digna de admiración: no le importó dejar atrás su profesión de docente para manejar un taxi. Pensó en lo que era más necesario en ese momento. Decidí ayudarla y conseguí un trabajo diurno, mientras continuaba mis estudios de administración de empresas en la noche.

Betty haciendo su primera comunión

En ese momento era muy joven. Me había graduado de bachillerato con dieciséis años, aún era una adolescente que estaba formando su identidad. Los estudios nocturnos me dieron una libertad que no tenía cuando estaba en bachillerato y viviendo con mis padres. Comencé una relación con un muchacho llamado Mauro y, después de aproximadamente un año, quedé embarazada. No fue una noticia fácil de darles a mis padres, tenía diecisiete años.

El 3 de marzo de 1995 nació mi primera hija: Laura Valentina. El sentimiento de convertirse en madre por primera vez es único, indescriptible. Pero yo era una adolescente con una bebé, y como madre primeriza e inexperta cometí muchos errores. Era joven, no fui ni la mejor madre ni la mejor esposa. El ADN de mi abuelo paterno, un hombre que no paraba de trabajar, corría por mis venas, por lo que me entregué totalmente al trabajo y me dediqué a demostrarle a mi familia y a mí misma que nada había cambiado. Quería probar que, a pesar de las nuevas responsabilidades, podía ser tan exitosa como siempre había soñado. Los nuevos compromisos nunca me frenaron, al contrario: el amor de mi hija Valentina era el motor que me impulsaba todos los días a dar lo mejor de mí.

Betty con Valentina pequeña.

Cuando me gradué como administradora de empresas, ya estaba casada y con planes de mudarme a Cali, donde mi novio, que se convirtió en mi esposo, ya tenía una oportunidad de trabajo. Allí, la situación era complicada: llegamos a finales del año 1996, la peor época del narcotráfico en Colombia. Fueron unos años muy difíciles para mi país porque el narcotráfico creó prototipos de vida, permeó a las guerrillas, alimentó a los paramilitares, engendró un modelo sicarial "de exportación", implantó en la mente de los jóvenes la consigna del dinero fácil, cambió los cuerpos de las mujeres, corrompió a la política, alienó a los más dignos integrantes de la Fuerza Pública y se convirtió en el vital combustible del conflicto armado. Conseguir trabajo era muy difícil. Después de tres meses sin éxito, viajé a Bogotá. Una vez allá, me contactó Davivienda, una corporación bancaria, para ofrecerme un puesto en el área de ventas en Seguros Bolívar, una compañía asociada a ellos. Les pedí que me dieran tiempo para pensarlo: yo no sabía nada del área de ventas. Sin embargo, no tuve miedo y estuve dispuesta a aprender. Además, sabía que tenía que trabajar para ganar mi dinero: valerme por mí misma, ayudar a llevar el sustento a mi casa.

Soy demasiado obstinada y apasionada, es mi esencia. Si quiero algo, no veo impedimento. Sí sé que puedo ser la mejor en algo, me esfuerzo hasta lograrlo. En mi nuevo trabajo como vendedora, debía ofrecer a los clientes seguros de vida y capitalización. Había un sistema de puntos que se acumulaban con cada venta que realizaba. Mensualmente, se debían acumular setecientos puntos. Yo cerraba el mes con cinco mil, seis mil. Si me tocaba ser vendedora de seguros, me aseguraba de ser la mejor. Sin imaginar que no solamente iba a ser recordada por mi producción en las ventas, sino también por mis piernas contorneadas, donde el accidente también iba a ser un gran golpe contra mi vanidad.

Los malos comentarios no tardaron en llegar: al ser una mujer atractiva, varios compañeros de trabajo asumían que yo tomaba atajos para conseguir clientes. Se dudó de mis maneras, se criticó mi forma de vestir, por ser una "obsesionada" con el trabajo. Sin embargo, la compañía no tardó en desecharlos: afirmaron que, en el caso de despedir a todos los empleados y quedarse con uno, esa sería yo.

Esta experiencia me hizo reconocer algo en mí: yo no era una joven como las demás. Tal vez tuviese que ver con la forma cómo asumí tantas responsabilidades desde tan joven. Mi padre me decía "Pasaste de tener una responsabilidad, que era estudiar, a tener cinco". Ser madre, esposa, trabajadora, cuidarme a mí misma y a mi familia, todo desde los diecisiete años.

Recuerdo que tuve una amiga llamada Soledad, una muchacha de la misma edad que yo. Una vez me invitó a Cartagena de Indias a irme de fiesta con ella. Esta ciudad es la capital del departamento de Bolívar, al norte de Colombia. Desde 1991 Cartagena es un distrito turístico y cultural. La ciudad está localizada a orillas del mar Caribe. Con el paso del tiempo, Cartagena ha desarrollado su zona urbana, conservando su centro histórico y convirtiéndose en uno de los puertos de mayor importancia de Colombia, del Caribe y del mundo, como también en un célebre destino turístico. Decidí intentarlo, pero no tardé en sentirme incómoda, ¿por qué había aceptado ir? Pensaba en mi hija, en mi esposo, en mi trabajo: en regresar lo más pronto posible. Más tarde me di cuenta de que no supe quemar esa etapa. Me encanta trabajar, enfocarme, esforzarme y darlo todo, pero eso cobra un precio. No tuve tantos amigos, no lograba congeniar con ellos, no queríamos lo mismo y no teníamos las mismas responsabilidades. Descubrí que mi capacidad social estaba desarrollada y perfeccionada para el área de ventas; pero fuera de lo laboral, me encontraba alrededor de personas que no comprendía y no me comprendían.

La presión de mis compañeros en Seguros Bolívar fue insoportable. Yo sabía que era una joven distinta, que no tenía los mismos intereses que los demás, pero no merecía que despreciaran mi esfuerzo por eso. Solo yo había trabajado por mis metas, me gané todos mis reconocimientos. Se suponía que debía ser feliz, no llorar cada vez que mi jefe me pusiera como ejemplo. Fue el momento en que supe que debía irme.

Conocí a unos visitadores médicos que me comentaron sobre la oportunidad de postulación en laboratorios Pfizer. Nunca terminé de asumir lo grandioso de la propuesta: Pfizer es un laboratorio multinacional, al que entraban personas estudiadas y formadas en farmacología, medicina e ingeniería. Yo no estaba muy segura de lo que hacía, pero no desperdicié la oportunidad para aplicar. Mi hoja de vida decía que era administradora de empresas, y que había alcanzado el puesto de vendedora número uno a nivel nacional en la compañía Seguros Bolívar.

Profesionalmente, no era el perfil ideal, pero los entrevistadores quedaron encantados con mi personalidad, mi entusiasmo y cómo utilizaba mi sociabilidad para efectuar mis ventas. Pasé todas las entrevistas y llegué a Pfizer como visitadora médica junior. En ese tiempo salió el Viagra y el Zitromax, y mi objetivo como visitadora médica era convencer a los doctores de que recetarán dichos medicamentos.

Siempre me han gustado los retos, y este fue uno bastante rudo. Tuve que estudiar como nunca: yo no sabía nada del área de la salud. Sabía de ventas, pero tenía que complementar con el conocimiento de cada uno de los medicamentos que estaba ofreciendo.

Recuerdo que muchos me preguntaron cómo siquiera pensé en postularme en Pfizer. Yo no le había concedido ni un segundo a esa duda: ¿por qué no? Creo que muchas personas no se creen merecedoras de lo que pueden llegar a ser, ni conocen más allá del límite de la mente. El miedo de creer que "no somos suficientes" puede llegar a encerrarnos o a limitarnos pensando en que servimos para una sola cosa. El miedo nos hace dudar de nuestra más mínima capacidad. Mi título decía "Administradora de empresas", pero eso nunca me detuvo ni me hizo pensar que eso era lo único que podía hacer.

En ese momento, mi esposo solía decirme que "yo era muy de buenas", refiriéndose a que siempre tenía suerte o que había nacido con alguna estrella. Pero, para mí, no se trataba de suerte ni de estrellas: me encontraba en un trabajo que pertenecía al área de las ciencias de la salud, era una multinacional, había mucha competencia y tenía que demostrar que yo era capaz. Tenía que trabajar duro porque el reconocimiento no me lo iban a dar gratis. Todo lo que logré fue con constancia y disciplina.

Más que demostrarle algo a los demás, era demostrármelo a mí. Igual que en Seguros Bolívar, el verdadero objetivo era probarme a mí misma que podía lograrlo. Que la joven Betty, madre y esposa, podía lograr, al mismo tiempo, ser una visitadora médica de un gran laboratorio multinacional.

Ese mismo sentimiento estaba despierto cuando en la recuperación del accidente me asignaron terapia ocupacional en vez de terapia física. La terapia ocupacional consistía en aprender a vestirme en silla de ruedas, cocinar en silla de ruedas, hacer lavandería en silla de ruedas, practicar jardinería, salir en silla de ruedas con perros guías, ejecutar manualidades. El objetivo era acostumbrarme a mi condición de discapacidad.

Yo no estaba entusiasmada, me interesaba más la terapia física: aquella que rehabilita el cuerpo para que vuelva a reinsertarse en la vida cotidiana. Sin embargo, el diagnóstico del doctor de cabecera era que yo no volvería a caminar. Podía ayudarme con una operación en la espalda, pero no iba a cambiar nada.

No quise aceptar ese diagnóstico. Para alguien que ha luchado contra cada obstáculo de la vida, eso sonaba muy definitivo. Estoy acostumbrada a ser capaz de mejorar cualquier situación, rompí récords de venta en Seguros Bolívar, ascendí de junior a sénior en Pfizer. Acostada en mi cama, le enviaba señales a mis piernas para que se movieran. Trataba de hacer nuevas conexiones cerebrales Era un trabajo íntimo, conmigo misma, probándome que, así como lo logré en otras ocasiones, lo volvería a lograr.

Durante esos años en Cali, Mauro me apoyaba desde casa, vendía carros por su cuenta y cuidaba a nuestra hija. Mauro nunca me trató mal, al contrario, fue un gran apoyo. Nunca sufrí ningún maltrato o abuso de su parte. Sin embargo, la relación llegó a cansarme. Él no terminó la secundaria y nunca estuvo motivado a seguir los estudios.

Estaba acostumbrado a cierta zona de confort, gracias a la cual no deseaba superarse. Él sabía que a mí, en mis trabajos, me iba muy bien, por lo que me dejaba las cargas económicas más grandes y pesadas porque "usted es a la que le gusta estudiar y le va bien". Esa relación me enseñó mucho: la pareja debería ser un compañero de lucha, de mano a mano. Los dos al mismo nivel, compartiendo objetivos y aspiraciones. Poco a poco me di cuenta de que ya no estaba enamorada de Mauro. No puedo negar que vivimos momentos muy bonitos, pero la magia del primer amor de adolescentes y del padre de mi hija estaba llegando a su final.

Yo era una persona demasiado enfocada y obstinada. No podía levantarme un día sin planificar, trabajar, hacer algo. Mauro ya no se estaba esforzando como yo creía, en ese momento, que él debía esforzarse, y eso no me parecía atractivo. La separación comenzó su proceso en Colombia; sin embargo, la oportunidad de viajar a Estados Unidos a empezar una nueva vida se presentó. 🏵

Tip para el éxito:
Nunca
le tengas miedo
al fracaso.

Betty en caminador.

CAPÍTULO II

COLOCANDO UN PIE EN ESTADOS UNIDOS

El éxito se reduce a estar en sintonía
con el momento en que se está viviendo.

Betty P.

Recuerdo muy bien el día que llegué a Estados Unidos: el 12 de octubre de 1999. Viajé con mi hija Valentina, ella tenía cuatro años y yo veintidós. Mauro había llegado unos meses antes y estaba hospedado en la casa de Luz Dary, mi madrina de confirmación.

Betty recien llegada a los Estados Unidos.

Salir de Colombia significó el cierre de un ciclo de mi vida. Mauro y yo nos habíamos separado, él se había ido a Bogotá y yo a Cali, con nuestra hija y mi papá, quien no tenía una situación fácil. Mi papá era un hombre muy inteligente con iniciativa: trabajaba y no le iba mal, pero la bebida no le permitía ningún tipo de estabilidad. Nunca reconoció su alcoholismo, y falleció el 3 de octubre del 2019 por cirrosis.

Betty con su padre.

Mauro nunca dejó de tratar de convencerme para volver a estar juntos. Yo, a veces, consideraba volver con él, sobre todo por nuestra hija, que lo quería muchísimo, pero Mauro ya no me atraía. En una buena relación, se debe sentir admiración por la pareja. Cada uno debe sentir hacia el otro respeto y deben acompañarse como individuos con sueños y objetivos, con planes de superación. Mauro ni siquiera consideraba estudiar para poder buscar mejores oportunidades, y eso no me entusiasmaba. No era una mala persona: era muy gentil, buen padre, pero nuestra relación se acercaba más a la hermandad que a un matrimonio.

Volví a pensar en la importancia de quemar las etapas: casarme con Mauro me pareció lo correcto porque estaba embarazada y quería que mi hija conociera a su padre, que estuviese cerca de él. Éramos jóvenes y él era mi primer amor. Pero casarme venía con el precio de limitar mis experiencias. Quería conocer otras personas, moverme más, ver qué tenía el mundo para ofrecerme.

Sin embargo, decidimos intentarlo una vez más e irnos a Estados Unidos. Él había viajado unos meses antes y me contactó desde allá. Cuando me llamaba, no podía ocultar mi emoción: me hablaba cómo era la ciudad, los edificios, las casas, los carros, me enviaba fotos y me invitaba a ir con él. Era muy emocionante: yo era joven y el destino era muy atractivo. Cuando sentía miedo antes de partir, recordaba las palabras de un compañero de trabajo en Pfizer: "Usted es muy joven y muy pilas. Si le va bien, se queda, si le va mal, regresa y ya". Aunque es un consejo muy sencillo, fueron las palabras que necesitaba escuchar: ¿qué era lo peor que podría pasar? Sobre todo, ¿qué es aquello que no puedo lograr? Tomé la decisión y, sin documentos de nacionalidad y sin saber hablar inglés, partí con mi hija.

Plantearse grandes retos puede resultar desconcertante. Los grandes objetivos pueden parecer inalcanzables a primera vista. Y, aún así, ¿cuántas veces te has puesto a hacer algo, que en su momento parecía imposible, para luego descubrir que era mucho más fácil de lo que pensabas? A veces, las cosas son más sencillas de lo que creemos y, a decir verdad, otras son mucho más difíciles. Para mí, lo más importante siempre es intentarlo, y asegurarme de hacerlo bien.

Había llegado a Estados Unidos con toda la convicción de triunfar, pero no era fácil para una inmigrante recién llegada. Cuando pisé el país, me di cuenta de que me tocaría hacer cosas que nunca imaginé hacer, bajo unas circunstancias difíciles. Trabajé como mesera, por ejemplo, y a veces había clientes que no eran muy corteses, o no dejaban propina. Cuando trabajé en limpieza de casas usadas, las temperaturas bajaban tanto en invierno que el agua que usaba se congelaba en mis manos en segundos.

Uno de los primeros trabajos al llegar
a los Estados Unidos.

Fue muy duro. Era difícil no sentirse cansado o frustrado. Pero me negaba a volver a Colombia. No me podía imaginar regresar y decirle a mi familia que me había ido mal. Entonces comencé a pensar en "esto es pasajero". Me lo repetía a mí misma, y me convencía de que era una verdad absoluta. Comenzaba a verlo desde una lógica donde esta era la peor parte, donde más trabajo pasaría y que, más adelante, sería mejor. Aunque era tan duro que, a veces, me costaba convencerme. Sin embargo, me mantenía de pie pensar en mi hija y en ayudar a llevar el dinero a la casa. Además, estaba en Estados Unidos, yo había llegado a triunfar de una manera u otra con la ayuda de Dios.

Había llegado a Doraville, una pequeña ciudad del condado de Gwinnett, en el estado de Georgia. Durante mi primer invierno, trabajé haciendo limpieza en casas nuevas, un trabajo que comenzaba desde su construcción inicial hasta la limpieza final, que se hacía cuando se entregaba la casa al comprador. También limpiaba apartamentos usados. Fue un trabajo muy arduo: había clientes que dejaban las casas muy sucias, no podía creer que había gente que pudiera vivir así. A mí, que era muy detallista y perfeccionista a la hora de limpiar, se me hacía muy pesado; además, de injusto, pues podía pasar horas limpiando un apartamento por un precio fijo que no justificaba la cantidad de horas. No era rentable para mí, pero era lo que tenía que hacer.

Para el espíritu emprendedor, es necesario comprender que se tiene que empezar desde abajo. Llegar a Estados Unidos sin papeles y sin hablar inglés requería tener una actitud de superación cada mañana al levantarse. Muchos consideran que el dicho "Es cuestión de actitud" es muy banal; realmente, no lo es. Cuando el agua me congelaba las manos en invierno no me detenía, pensaba: "Esto es lo que tengo que hacer y tengo que hacerlo bien".

Para aprender inglés, estudié en un centro llamado Interactive College por unos meses, pero lo dejé porque el trabajo me quitaba mucho tiempo. Sin embargo, con el día a día, la práctica era constante. Aprendía todo el tiempo con las personas con las que interactuaba.

También trabajé en una fábrica de CD, empacándolos en cajas. En ese tiempo, había unos cuantos colombianos en Atlanta. No eran muchos, pero vivían muy cerca unos de otros, formando una especie de colonia. Varios de ellos trabajaban en esa fábrica. Ahí aprendí mucho del modelo de trabajo americano: nos daban descansos muy cortos, de 10 o 15 minutos, el tiempo estaba muy medido. Tenías que pasar estrictamente tu tarjeta en una máquina que registraba el tiempo de trabajo y se debía pasar al principio del día y al final de la jornada, porque de eso dependería tu paga. Los supervisores eran muy atentos: no podías conversar con otros compañeros, había que trabajar de pie.

Fueron años duros porque no podía ver a mi familia. Para los colombianos era muy difícil obtener la visa. Traté de que mi hermana Andrea llegara. Ella había estudiado ingeniería industrial en la Universidad Nacional de Colombia en Medellín, y yo la matriculé en la Universidad de la Merced en Atlanta para que estudiara inglés. Con todo y eso, le negaron la visa de estudiante. No vi a ningún familiar hasta después de mi accidente, y fue gracias a una visa humanitaria que le otorgaron a mi madre. Yo tenía mucho trabajo, pero trataba de hablar con mis padres semanalmente. La comunicación a distancia era complicada y un poco frustrante, se realizaba con tarjetas telefónicas prepagadas en ese tiempo.

Los momentos más difíciles son los que más nos enseñan sobre el éxito, aunque no veamos los resultados a corto plazo. Como madre y emprendedora, aprendí mucho sobre el sacrificio del tiempo, el no poder ver tanto a mis hijos, como quisiera, por tener que trabajar. Con los años aprendí la importancia de la organización del tiempo, el activo más importante que tenemos. Organizarlo, dividirlo y disfrutarlo: cuando estás con tus hijos, estás con tus hijos. Cuando trabajas, estás trabajando. Detrás de cualquier éxito, la única fórmula es enfocarte en una sola cosa a la vez. Todavía día a día es mi gran lucha.

Mauro trabajó manejando taxis, algo en lo que ya tenía experiencia en Colombia. Ambos éramos muy juiciosos con nuestros empleos: trabajábamos durante todo el día, y, como inmigrantes recién llegados, nos concentrábamos en estabilizarnos lo más que pudiéramos para poder salir de casa de mi madrina. A pesar de que nos acogió en nuestra llegada, yo sentía que tenía que salir de ahí. No solo por una necesidad de superación, sino que no me gustaba mucho el ambiente. Ella y su hija trabajaban tres días a la semana, pero parrandeaban mucho. Eso me recordaba mucho a mi papá y todas las cosas que no pudo lograr, a pesar de sus habilidades natas, por estar distraído con la bebida. No era mi estilo de vida, y no me sentía capaz como para quedarme lo suficiente. A los pocos meses, nos fuimos a un apartamento con Mauro y luego pudimos comprar nuestra casa.

Gary Keller, en su libro *Solo una cosa*, dice que debemos apuntar al equilibrio: tener tiempo para todo y hacerlo todo a tiempo. Suena tan bien, que solo pensarlo nos proporciona una sensación de serenidad y calma. Nos hace querer pensar que la vida debería ser así, pero no lo es. Si el equilibrio es el punto medio, el desequilibrio es aquello que ocurre cuando te alejas de él. No debemos obsesionarnos con buscar el equilibrio porque la magia nunca se produce en el punto medio, sino en los extremos. Nunca se aprende estando en el mismo lugar neutro, se necesita el desequilibrio para ser honestos con nosotros mismos. Esto lo aprendí con mis hijos mayores: estuve tan concentrada en trabajar que dejé pasar muchas cosas. Era muy joven y tenía el afán de conseguir la estabilidad económica y formar un futuro para poder ofrecerles mejores oportunidades.

Realmente, la falta de equilibrio viene cuando estamos desatendiendo nuestras prioridades: las cosas que nos importan. Siempre estará el gran problema de que algo quedará desatendido. Por más que nos esforcemos, quedarán cosas por hacer al final del día, de la semana, del mes o del año. El equilibrio consiste en no alejarse tanto del centro, sino acercarse poco a poco: terminar lo que empezamos, dándole porciones de nuestro tiempo, sin descuidar lo que es importante. No perder el centro ni alejarse tanto, porque después no tendrás a dónde ni con qué regresar.

Las personas que nos veían a Mauro y a mí, pensaban que él y yo éramos hermanos. En realidad, vivíamos bastante bien juntos, no peleábamos, la convivencia con nuestra hija era muy buena, pero era eso: un hermano, un amigo. Además, una vez que encontraba una zona de confort, ahí se quedaba. Él seguía pensando en que era a mí a la que le iba bien, yo sentía que era la que más se esforzaba. Entonces, terminábamos en la misma situación que en Colombia.

Uno de los momentos críticos fue cuando quise comenzar el trámite de los papeles de residencia. Le pregunté a varios conocidos y me contestaron que muchos recién llegados encontraban la solución en matrimonios falsos con ciudadanos americanos. Yo no veía ningún problema, pero Mauro aseguraba que esa no era la manera, que ya encontraríamos otra forma. Lo noté muy inseguro, y yo comenzaba a ponerme ansiosa: no quería seguir trabajando en ese país sin mis papeles. En aquel momento, te asignaban una licencia de conducir con la que podías movilizarte. Pero mi nuevo objetivo era obtener los papeles, y, como los otros objetivos de mi vida, me centré en conseguirlos.

Hubo un momento en que noté que Mauro podía sobrevivir solo, con su trabajo. Fue cuando le dije que ya debíamos separarnos. Él se negaba: lloraba, repetía que yo era el amor de su vida, que no quería dejarme. Pero él no podía obligarme, así como nadie puede obligar a una persona a estar con otra. Ni siquiera compartíamos los mismos intereses. Uno de los consejos para alcanzar el éxito es rodearse de gente que piense igual que tú. Ese principio me aseguró que Mauro y yo no podíamos seguir compartiendo una vida.

Cuando trabajé de mesera por las noches, conocí a un muchacho que era cliente recurrente del restaurante: su nombre era Ricardo. Él hablaba conmigo, lo que supuse era muy normal. Pero otras muchachas que trabajaban conmigo aseguraban que él ya estaba saliendo con otra compañera; un día, ella se acercó a mí para decirme: "No hagas lo que no quisieran que te hagan a ti". Al principio, no le presté mucha atención, pero con el tiempo cierto recelo comenzó a crecer en ellas, sobre todo porque Ricardo era ciudadano americano: nació en Estados Unidos, pero se lo llevaron a México de niño.

Ya la idea de conseguir la nacionalidad se había sembrado en mi mente, y no niego que la competencia que creaban las otras muchachas me impulsó a intentarlo con Ricardo. Sin embargo, yo seguía siendo joven y muy impulsiva. El objetivo de obtener la nacionalidad me había cegado ante el hecho de que yo no lo conocía muy bien. Después de un año de conocernos, nos casamos.

Nuestro primer año de matrimonio no estuvo mal. Ricardo trabajaba como contratista instalando ladrillos para una compañía constructora llamada Ryland Homes. Yo le había hablado sobre mi trabajo de limpieza de casas y me comentó sobre la posibilidad de yo trabajar ahí. En mi último trabajo, había tenido una muy mala experiencia con mi supervisora, quien no me pagaba la totalidad de las limpiezas que realizaba. Pero mi trabajo era muy bueno: era detallista, puntual y muy esmerada. Cuando se hace una buena labor, los demás la reconocen. Entonces no fue difícil llegar a la nueva compañía a tomar un trabajo que me atraía mucho más: el de limpiar casas modelo, casas nuevas que se preparan para sus ventas. Nuevas, modernas, con una decoración hermosa. Podía pasar todo el día limpiando y puliendo cada detalle.

Dentro de nosotros mismos poseemos dones que no conocemos, hasta que nos toca explotarlos. En este momento de mi vida, me di cuenta de algo que estaba en mi inconsciente y reconocerlo, fue un despertar: desde que estaba en Colombia hasta llegar acá, yo había sido empleada. Pienso que si me hubiese quedado en Colombia, seguiría trabajando como visitadora médica porque esa era mi zona de confort. Tal vez haber tomado la decisión de venir a Estados Unidos fue la que hizo que germinara en mí el incentivo empresarial.

Con la ayuda de Ricardo, comencé la compañía DeLeon Cleaning. Gracias a los conocimientos de mi carrera como administradora de empresas, todo el proceso administrativo de la compra de seguros y apertura de un negocio fue fácil. Pronto, teníamos grupos de personas que se encargaban de la limpieza de casas nuevas y modelos. Yo los supervisaba mientras me encargaba del área administrativa.

Siempre he dicho que cuando se hace un buen trabajo, no tarda en ser reconocido. Parte de mi personalidad obstinada y apasionada se reflejaba en toda la dedicación que le ponía a mi trabajo. Los *builders* me buscaban no solo por el buen trabajo, sino también por la puntualidad, por cómo cumplía siempre con los tiempos. También prestaba varios servicios, como el de la limpieza de las ventanas y de toda la basura que salía cuando se estaba construyendo la casa. Incluso, pude darle trabajo a Mauro, quien ya estaba en un nuevo matrimonio y pasando por una situación tan dura, que pensaba regresar a Colombia.

Estuve inmersa y concentrada en mi trabajo. Buscaba a los clientes apenas instalaban sus oficinas en las nuevas áreas de construcción. Cuadraba mis rutas y las de los grupos que lideraba. Lidiaba con todos los procesos administrativos.

Con el tiempo, comencé a notar que mi relación con Ricardo no era más que el resultado de una no muy buena decisión. Yo era muy joven y estaba obsesionada con la idea de sacar los papeles. Poco a poco, comencé a ver más de él, sobre todo su parte cultural: era una persona muy machista. Recuerdo una vez que salimos con dos amigas mías que estaban sin sus parejas en aquel momento. Ellas salían a bailar con muchachos en la fiesta, y Ricardo empezó a decirme que eso no podía ser, que mis amigas eran unas cualquieras. Yo le dije que las respetara, pero me di cuenta de que esa parte conservadora estaba muy arraigada a él.

Yo ya tenía 24 años, y Ricardo insistía en que tuviésemos un hijo. Yo me dejé entusiasmar porque mis dos amigas quedaron embarazadas. Entonces pensé en quitarme el dispositivo intrauterino, y para octubre de 2001 ya estaba embarazada. Ricardo comenzó a tomar una actitud muy extraña, tanto que en diciembre decidió irse a México porque quería ver a su familia, dejándome embarazada y sola en Navidad. Le pedí que no se fuera, pero una madrugada partió.

Estuve muy triste, yo no conocía ese lado tan insensible de Ricardo. Pensaba lo peor. Yo no quería darle un hijo a él, ni estaba segura de querer tenerlo ya. Contacté a una amiga y le pedí que me ayudara a buscar una clínica donde pudiésemos agendar una cita para un aborto. Sin embargo, Dios y el destino son cosas muy poderosas: el día de la cita, no encontré la clínica. Hasta el día de hoy y por el resto de mi vida agradeceré con todo el corazón que haya sido así. A la mañana siguiente, me desperté con una actitud nueva: con o sin Ricardo, yo iba a tener a mi bebé. Además, podría ser que este fuese el primer varón en mi familia. Y fue así: cuando me dijeron que sería un niño, me sentí como la mujer más feliz del mundo.

Las culturas pesan entre las personas, sobre todo entre Ricardo y yo. Hombre y mujer, criados yo, como colombiana, y él, como mexicano, fue un choque más grande de lo que esperaba. Mi gran decepción fue cuando me dejó sola durante el embarazo, aún no sabía cómo me trataría después del accidente. Un día, se registró un gasto de mil dólares en la cuenta. Le pregunté si sabía algo de eso y me dijo que no. Le dije que revisara si había perdido la tarjeta, si la habían robado o algo por el estilo. Con mucha vaguedad, me dijo que sí, que había perdido una tarjeta. Fui al banco a cancelar la cuenta, pero también a pedirle información a la gerente sobre los últimos movimientos. Ahí había un *voucher* firmado por él, que confirmaba el retiro de los mil dólares. Había sido él mismo.

El nivel de descaro era muy alto. Ninguna relación es perfecta, pero tampoco hay espacio en ellas para las mentiras o los engaños. Yo no estaba acostumbrada a esas situaciones tan incómodas: si bien Mauro y yo no congeniábamos, al menos la convivencia era pacífica. Ricardo comenzó a hablar con otras mujeres, o, al menos, había comenzado a darme cuenta de que lo hacía. Yo le reclamaba, pero él me respondía que "yo era su catedral y las demás eran iglesias". Pensé que estaba pagando las consecuencias de haberme casado con alguien que no me tomé la molestia de conocerlo bien. La verdad era que yo no quería volver a pasar por un divorcio, sobre todo por mi hijo. Quería que tuviera más estabilidad, que se viera más con su padre. Pero la situación con Ricardo era demasiado incómoda. Un 31 de diciembre peleamos y yo me fui de la casa porque no aguantaba su insolencia.

Independientemente de que hubiese pasado el accidente o no, nos íbamos a separar. Yo conocía mi valor y no quería que me irrespetaran de esa manera. Casarme tan joven no fue lo ideal, separarme por segunda vez no sería lo ideal para mis hijos tampoco, pero era una decisión que debía tomar.

Lo que uno hace mal, termina mal. A pesar de que Ricardo era la llave para la puerta de la nacionalidad, los papeles tardaron seis años en salir. En el área de Inmigración hubo muchos problemas porque decían que los papeles de Ricardo eran falsos. Esta era una situación muy recurrente con los ciudadanos que nacían cerca de la frontera: muchos padres la cruzaban para que sus hijos vinieran al mundo como ciudadanos americanos, y luego regresaban a México. Además, alegaron que el inglés de Ricardo no era propio de un ciudadano americano. Al momento del accidente, mi caso fue negado. Siempre le agradeceré a Ricardo que cuando me negaron mi residencia la primera vez, nunca se opuso para que yo aplicara por segunda vez, a pesar de que ya las cosas entre nosotros estaban terminando. En esta ocasión sí los conseguí.

Cuando nació nuestro hijo, Ricardo intentó un pequeño cambio de actitud, pero, desafortunadamente, su actitud machista era más fuerte. Mientras, yo me sentía muy feliz por tener a mi bebé. Dicen que, para las mujeres, el tener un hijo varón es un sentimiento indescriptible, y lo es. Así me sentía con Ricardo Andrés, feliz de que sus papás estuvieran juntos. Ahí supe que iba a soportar lo que fuera por mantener a nuestra familia unida.

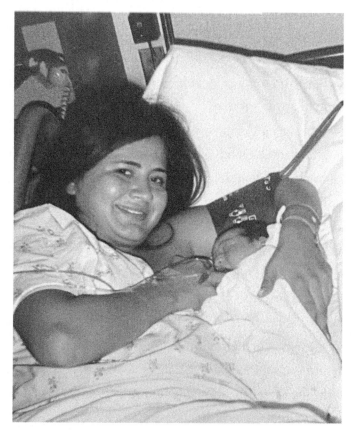

Betty con Ricardo bebé.

TIP PARA EL ÉXITO:

el tiempo es el recurso más
importante: organízalo, distribúyelo,
aprovéchalo, disfrútalo.

CAPÍTULO III

LAS FATALIDADES NO AVISAN

No puedes hacer nada por el pasado,
pero sí por el presente para cambiar el futuro.

Betty P.

El año 2005 fue uno de los mejores de mi vida. Había llegado a un nivel de productividad increíble. Ricardo estaba trabajando con nuestra compañía de ladrillos e instalación de techos y yo con una de limpieza de casas nuevas, donde ofrecíamos otros servicios como limpieza de desperdicios de materiales que salía de las construcciones. Sentía que todo lo que había soñado hacer en Estados Unidos se estaba haciendo realidad, era dueña de mi propio negocio y estaba ganando buen dinero.

En enero de 2006, Ricardo se fue con nuestro hijo a Colombia para que mi madre lo conociera. Yo aún no podía salir del país porque no tenía mi residencia. Toda la situación del narcotráfico en Colombia hacía muy difícil la migración de los colombianos. Por muchos años, traté de tramitar las visas de mis hermanas y de mis padres para que vinieran a visitarme y fue casi imposible. Pasé casi siete años sin ver a mi familia. Ricardo terminó alargando su estadía en Colombia porque tuvo que ser sometido a unas cirugías. Estuvo más tiempo allá de lo que habíamos acordado.

Una semana antes del accidente.

El domingo doce de febrero de ese mismo año estaba pautada su llegada, pero canceló el viaje. En ese tiempo, yo asistía a una iglesia cristiana donde conocía a mucha gente. Me había hecho amiga de una familia mexicana compuesta por Carmen y Adrián, y sus hijas llamadas Azul, Roja y Café. Decidimos ese domingo ir de viaje y le dije a Adrián que podía manejar mi camioneta, que era bastante grande y cabíamos todos. Él, en medio de la ruta, decidió que iríamos a North Carolina en vez de ir a Helen (Georgia). Recuerdo que North Carolina quedaba a la izquierda y Helen a la derecha.

Llegamos a Maggie Valley, un pequeño pueblo que se caracteriza por sus montañas nevadas, donde estaba el parque al que Adrián nos quería llevar. Yo nunca había esquiado. Tomamos unas cortas lecciones y lo intentamos un rato. Después, cuando bajábamos la montaña para ir a almorzar, observamos a unas personas que se lanzaban montaña abajo montadas en unos deslizaderos con forma redonda, como unas donas. Nos animamos y, después de comer, fuimos a Wallmart a conseguir una. Por cosas del destino, yo no la conseguí. Pero otra pareja que nos acompañaba consiguió una apartada, en una esquina. Decían que estaba puesta ahí para ellos, pero acordamos que sería para todos.

Una vez la compramos, subimos a la montaña y comenzamos a tirarnos de dos en dos. Hacía mucho frío. Ninguno de nosotros llevaba ropa adecuada porque no sabíamos que íbamos para allá a tener contacto directo con la nieve. Carmen se había quedado en el carro porque no soportaba el frío. Recuerdo haber ido a acompañarla y haberle dicho que no me sentía bien, que tenía mucho frío. Cuando estaba ahí, uno de los señores del grupo fue a invitarme a lanzarme en la dona. Yo no estaba segura, pero él me insistía. "Venga a lanzarse con mi hija Carolina", me repetía. No muy entusiasmada, subí a la montaña.

Me senté con Carolina en el deslizador. Realmente hacía mucho frío. Cuando nos lanzamos, noté algo peculiar: la dona había adquirido muchísima velocidad. Sentí que no era normal, era una rapidez que adquirió para nosotras dos nada más. Recuerdo que todo estaba muy blanco, había mucha nieve, demasiada, la suficiente para que algo saliera mal.

La dona iba rapidísimo y chocó contra algo que no vimos. Probablemente una piedra oculta en la nieve. Saltó muy alto y nos disparó: a Carolina, hacia la izquierda y a mí, hacia la derecha. Ella sufrió una fractura en el hueso de la clavícula, tuvo que utilizar un cabestrillo por un tiempo.

Yo solo podía sentir dolor. Un dolor agudo, que no había sentido jamás, y nunca pensé que podría sentir. No sabía que se podía llegar al extremo de creer que me iba a morir en ese instante. Pero seguía viva, con todas mis terminaciones nerviosas al extremo, sintiendo el dolor más puro. Rodé y rodé hacia abajo, pues estaba direccionada por la bajada de la montaña. Al dolor se le sumó el frío de la nieve. Así se debía sentir la muerte.

Guiada por el instinto, traté de moverme intentando salir de esa situación, pero mi cuerpo no respondía. Caí en un estado de total confusión, que se hacía más profundo junto al dolor. ¿Por qué mis brazos y piernas no respondían, si tenía que salir de ahí? Sentía que me quemaba viva y no podía hacer nada al respecto.

Arriba, los demás veían que Carolina se había levantado, pero yo no. Todos bajaron a ayudarme, yo estaba enterrada en la nieve. Como la ropa se me había movido, sentía cómo el contacto directo con ella me quemaba la piel. "Dios mío, qué está pasando, me estoy muriendo", eran las palabras que pasaban por mi mente, mientras me sentía como si todos mis órganos se hubiesen roto.

Más adelante en mi vida, tuve un parto natural sin anestesia, por lo que puedo decir con toda seguridad que el dolor del accidente equivalía a cincuenta veces o más a ese parto. No podía pararme, no podía casi respirar ni hablar. Las personas me decían que me levantara, no podía hacerles entender que no podía. No tenía aire para hablar, la respiración se me iba lentamente y, cuando trataba de recuperarla, me dolía. Todo dolía.

La columna vertebral es una de las estructuras más importantes en el cuerpo humano. Está conformada por varias vértebras: las cervicales, las torácicas, las lumbares, las sacras y el coxis. Soporta la gran mayoría del peso del cuerpo, proporciona puntos de unión para los músculos y ligamentos y protege la médula espinal. Esta última es un tejido gelatinoso muy valioso y delicado que transporta información del cerebro al resto del cuerpo. Cualquier pequeño toque que se le haga puede hacer que se pierda esa conexión y nunca se sabe si es recuperable. La gran mayoría de los casos no lo es.

Ahí, enterrada en la nieve, sin saberlo, estaba sintiendo el dolor de una fractura en la vértebra torácica T12 con compromiso en la lumbar L1. Si se hubiesen roto alguna de las cervicales que se encuentran más arriba, hubiese quedado totalmente cuadripléjica, sin poder hablar ni moverme. Pero claro, en ese momento no lo sabía. Solo sentía el más grande dolor y frío.

En la columna vertebral existen treinta y tres vértebras que se dividen en cinco regiones distintas: la región cervical abarca el cuello, y está compuesta por siete vértebras (marcadas como C1 hasta la C7); la dorsal comprende la media espalda y consiste en doce vértebras (de la T1 a la T12); las lumbares son cinco (L1-L5) que transportan la mayor parte del peso del cuerpo y permiten movimientos como la flexión y la rotación. Por último, se encuentran las cinco vértebras fusionadas que conforman el sacro (S1-S5) que conectan con los cuatro huesos de la pelvis y el coxis.

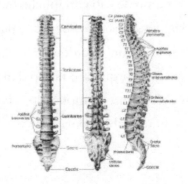

Los demás tampoco sabían ni se imaginaban lo que me había ocurrido. Carmen buscó ayuda, pero no encontraba nada ni a nadie que pudiera auxiliar. Logró llegar a administración e informó sobre el accidente. Yo no tenía noción del tiempo, no sabía cuánto había pasado desde que la dona me soltó. Me dijeron que habían sido unos cuarenta minutos. Cuarenta minutos en los cuales pasé el frío más intenso y el peor dolor de mi vida.

Cuando llegó la ambulancia, le fue muy difícil a los paramédicos subirme a la camilla, pues mi cuerpo había alcanzado un estado muy parecido al rigor mortis. Este es un signo reconocible de muerte que es causado por un cambio químico en los músculos, generando un estado de rigidez. Yo estaba pesando diez veces más. Entre aproximadamente seis hombres lograron subirme, pero llevarme no era fácil, por lo que caminaron con intervalos. Cuando llegamos a la ambulancia, les susurraba, con el poco aire que tenía, que sentía mucho frío y dolor. Me colocaron morfina y dormí hasta que llegamos a un pequeño centro médico en North Carolina.

Mientras esperábamos, me ponían cobijas y aun así no me calmaba, estaba tiritando de frío con mucha fuerza. Cuando por fin atendieron a las personas que me acompañaban, que eran entre diez y doce, les dijeron que debían llevarme a otro lugar con más especialización porque ahí no podían atenderme, pues mi accidente había sido muy complicado. Hasta ese entonces, aún no sabíamos qué me había ocurrido.

Luego, me llevaron a un gran hospital, The Mission Hospital que se encuentra en Asheville en el estado de NC. Ahí me hicieron todo tipo de exámenes, pero yo no era consciente de nada: escuchaba los ruidos de las máquinas alrededor, lejanas, mientras me preguntaba a mí misma qué podía ser lo que estaba pasando. Acostada en la cama, me rodeaban mis compañeros, los médicos, los asistentes, los enfermeros, como si me fuesen a dar la noticia de que yo había muerto. Pensé en Ricardo y en mi hijo que no estaban ahí, sino a miles de kilómetros de distancia; y en la angustia que tendría mi hija Valentina al no tener ni idea de lo que le estaba pasando a su madre. Sentía que todos estaban muy lejos.

El doctor que se acercó a darme la noticia mostraba el peor semblante posible. No encontraba las palabras. O sí las tenía, pero no la facilidad para soltarlas. Todo se redujo a: "Tuviste un accidente muy grave y no podrás volver a caminar". Lo estaba escuchando, pero no entendía lo que me decía. Sentía que no se dirigía a mí. ¿Cómo que no iba a volver a caminar? Me parecía lo más absurdo del mundo. Desde que me lancé en la dona hasta ese momento no había pasado mucho tiempo, y ahora me decían que no volvería a caminar. Me dijo que quedaría en silla de ruedas por el resto de mi vida. Tampoco procesé esa información. Todo lo que se me ocurrió preguntar en el momento fue: "¿Podré tener hijos?". No sé por qué, pero fue lo que salió. Me dijo que sí, pero que estaría en silla de ruedas.

Hubo que esperar unos días para que mi columna se desinflamara con la aplicación de esteroides. Después, me realizaron una operación para abrirme, que estabilizaran mi columna y a la vez poder arreglar la fractura. Durante esos días no fui muy consciente de lo que estaba pasando por los efectos de la morfina, que yo misma me podía suministrar a través de una aguja cada vez que sintiera dolor. Estaba el noventa por ciento del tiempo dormida, pero cuando estaba despierta, me sentía como en una pesadilla. Muchas personas fueron a visitarme con la intención de saludarme, de ver cómo estaba, o por mera curiosidad. El mío no era un accidente muy común. Muchas personas que incluso conocía de la iglesia fueron a visitarme, pero por el estado en el que me encontraba, la gente comenzaba a molestarme. No quería recibir a nadie, ni escucharlos: solo quería dormir.

La operación se realizó en la clínica donde me encontraba, en el estado de North Carolina, que se especializaba en cirugías de columna. Luego de la operación a columna abierta, donde me colocaron unas barras de titanio, quedé muy tiesa, como un muñeco. Nada más podía mover la mano con la que yo misma me suministraba la morfina. No quería ver nada, escuchar nada, ni pensar en nada. Quería cerrar los ojos y dormir para siempre. Pasaban los días y en cada uno de ellos me convencía de que todo eso era una pesadilla. Entre cuatro personas me movían para poder hacer cualquier cosa. Me levantaban para bañarme y eso me molestaba, no quería nada. No tenía ánimos para nada, ni siquiera para hablar, pues era algo que me cansaba muchísimo.

Tiempo después de la operación comencé a hacerme más consciente de mí misma. Me di cuenta de lo enojada y frustrada que estaba. Por qué me había pasado esto a mí, qué había hecho yo para merecerme esto. No quería estar en esa cama. Una vez tuve una visita de una amiga que conocía desde Colombia, y había llevado a su niña pequeña que hacía ruido, como una niña normal. Pero yo estaba tan aturdida y tan molesta, que tuve que decirle que se la llevara. Realmente cualquier sonido me alteraba.

Trataba de mala manera a todos, a las enfermeras. Sufrí de mucha ansiedad. El golpe emocional era muy fuerte. Un día, me visitó una amiga venezolana llamada Olga. Ella acababa de hacerse una liposucción y se veía muy bonita. También estaba bronceada, tenía una ropa y unos zapatos de tacón hermosos. Lo que más llamó mi atención fue ese tipo de zapatos que yo ya no iba a poder volver a usar al menos por mucho tiempo. Fue a verme con mucho cariño, pero yo solo podía observarla, admirarla por estar ahí, de pie, mientras yo estaba en una cama aumentando de peso, para más adelante estar sentada en una silla de ruedas, sin poder hacer nada al respecto.

Los días pasaban extremadamente lentos, acostada en la cama. Me movían para cambiar de posición; a veces, me ponían en la silla de ruedas. ¡Cómo deseé tener mis piernas para poder salir corriendo del hospital! Vivía con mal genio, frustrada por todo. Cuando comencé la terapia ocupacional, me sentí más frustrada. Esta terapia tiene el objetivo de enseñarte a vivir en la silla de ruedas: cómo vestirte, cómo desenvolverte en una cocina, cómo lavar ropa, pasear con perros guías. Yo me negaba absolutamente a ella, pues yo estaba segura de que mi tiempo en la silla de ruedas iba a ser pasajero.

Pero el doctor se negaba a mi creencia, él estaba seguro de que mi accidente había sido muy grave y que yo no volvería a mover las piernas. Sin embargo, muchas veces traté de hacerlo. Juntaba toda mi terquedad y empeño y lograba hacer movimientos minúsculos. Pero cuando se los mostraba, él decía que esos eran espasmos del cuerpo, como una memoria muscular almacenada en el cerebro. Su actitud me molestaba mucho.

Mis amigos de la iglesia cristiana tenían las palabras más alentadoras, realmente eran las que necesitaba: "no escuche a los médicos, escuche a Dios". Yo escuchaba las palabras del doctor, pero no me gustaba lo definitivo de su sentencia. No entendía por qué ni siquiera me permitía probar la terapia física. Igualmente seguí esforzándome en mis movimientos de las piernas, hasta que logré demostrarle que esos movimientos no eran espasmos, sino unos controlados por mí. Ahí fue cuando logré que me asignara la terapia física. Semanas después me trasladaron en una ambulancia a Georgia.

Los resultados del accidente no dejaban de sorprenderme. Lo que no me habían dicho era que varios de mis órganos se deterioraron en el accidente, entre ellos mi vejiga y mi control del esfínter. Cuando me dieron de alta de la clínica de rehabilitación Joan Glancey en Duluth (Georgia) para irme a mi casa, me quitaron una sonda que yo traía desde North Carolina. Por falta o error de comunicación en el lugar, no me la colocaron de nuevo, y yo no podía orinar por mi cuenta. La vejiga se me inflamó muchísimo y sentía un dolor muy intenso. Le pedí a la enfermera que me la colocara, pero ella insistía en que tenía que concentrarme y lograrlo yo misma. Le grité que simplemente no podía, pero ella parecía no entender o no estaba consciente de mi situación. Luego llegó otra enfermera, ambas llamaron al doctor, investigaron sobre mi caso y, por fin, me colocaron la sonda.

Solo los que han pasado por una situación como la mía entienden el tipo y el nivel de frustración que genera. Hasta hoy en día, llevo la sonda, pues no puedo ir al baño normalmente. Cada vez que salgo, debo estar pendiente de la ubicación de los baños, pues no puedo dejar que mi vejiga se llene mucho. Cuando hago viajes largos, debo usar pañal. Con las heces me pasa algo parecido: siento cuando debo ir, pero no tengo mucho control. Son situaciones muy incómodas, pero trato de sacarles al menos un chiste para poder sobrellevarlas. Cuando no tengo control de los gases y camino, digo que sueno como un acordeón. Es una forma de adaptarme y seguir. Por fin logré convencer al médico de cabecera que me autorizara la terapia física que era la que yo más necesitaba.

Cuando comencé con mi entrenamiento todo se sentía distinto: estaba más motivada porque estaba segura de que ese era el camino para salir de la silla. Para mí, se sentía como salir de la silla o morir. Mi actitud cambió por completo: me levantaba con más motivación, me vestía, hacía todos mis ejercicios. Estaba muy emocionada.

Una de las cosas más importantes para mí en el proceso de la terapia física fue la visualización: cómo imaginaba mi vida después de esto. Es como estar en una carrera y solo ver el premio al final del camino. Me imaginé, primero, una vida dedicada al gimnasio. Decidí que compraría mucha ropa deportiva e iría puntualmente todos los días. De ahí en adelante, sería una persona activa y deportiva. Como era muy disciplinada, no me costaría nada. Siempre me gustó mucho la ropa, estar a la moda, combinar accesorios, usar tacones. Me imaginaba en mi vida del futuro vistiéndome tan elegante como siempre lo había hecho. Me veía manejando mi carro, buscando trabajo. Mi vida normal se había vuelto mi objetivo.

El fortalecimiento espiritual también fue necesario. Ser parte de la iglesia cristiana me ayudó mucho, leía la Biblia, extraía versículos, oraba todas las noches. Cuando hablaba con Dios, era como si, al mismo tiempo, hablara conmigo misma: sabía que la fuerza que necesitaría para salir de esto dependería de mí. Muchas cosas me ayudaron a fortalecerme, pero sería la mezcla de disciplina, constancia y espiritualidad la que me levantaría.

Con el paso del tiempo, los movimientos, aunque mínimos, ya se hacían notar gracias a la terapia física. Pasé de tener a cuatro personas levantándome de la cama a sentarme yo solita para vestirme. Cada día el avance me motivaba más. Con esa motivación, venía un cambio de actitud. No podía seguir siendo víctima de mi pasado. Dejé de preguntarme por qué había pasado todo lo que pasó, por qué a mí, por qué le di el carro a Adrián, por qué el cambio de destino, por qué me lancé en la dona. Todas esas preguntas eran como cadenas que me amarraban a una situación en la que ya no podía hacer nada. Lo que sí podía manipular era mi presente para lograr cambiar mi futuro, y, si de algo estaba segura, es que saldría de esa silla.

Cuando tuve el accidente, mi madre recibió la noticia en Colombia. Le fue muy difícil el trámite de la visa en Colombia, por lo que tuvo que escribir una carta para optar por una visa humanitaria. Cuando se la dieron, llegó con Ricardo y nuestro hijo a Estados Unidos y se quedó con él en nuestra casa. Yo quería que estuviera conmigo más tiempo. Siempre tenía amigos y conocidos que se turnaban para acompañarme, pero ya quería estar con mi familia. Sin embargo, Ricardo comenzó a estar reacio a visitarme. Lo hizo los primeros días, pero luego decía que era muy aburrido estar todo el día en el hospital. Tampoco llevaba temprano a mi mamá, quien dependía de él, debido a que en esos tiempos, el transporte público en Atlanta era muy escaso.

Betty después de la operación.

Cuando logré un avance significativo con la terapia física, pude irme a casa. Al principio, estaba entusiasmada de poder regresar, pero con el paso de los días lo rutinario me absorbió y mi emoción iba disminuyendo.

Para mi hijo Ricardo Andrés, pequeño en ese entonces, fue muy difícil asimilar mi nueva condición, le costaba entenderla. Ahora yo siempre estaba sentada y él, como un niño normal, quería que me levantara y jugara con él. Lloraba mucho y comenzó a ser muy inquieto. Una noche, en su cuarto, comenzó a hacer mucho ruido con unos instrumentos musicales y a gritar para llamar la atención. Valentina tenía doce años y había estado presente el día del accidente. Su semblante cambió para siempre. Reprimió toda la angustia y la tristeza y no botó ni una sola lágrima. Ninguno de mis dos hijos entendía la gravedad de la situación, y eso también me ponía triste, pues mis grandes esfuerzos en mi vida han sido para poder darles a ellos lo mejor.

Un día, llegó un recibo telefónico que mostraba varias llamadas realizadas al exterior, de larga duración y realizadas durante varias noches. Decidí llamar al número y me contestó una voz femenina que ya había escuchado incluso antes del accidente, era una muchacha llamada Maira, a quien Ricardo le había dicho que yo era su secretaria. Cuando yo hice la llamada y me identifiqué, le comenté todo lo que me había pasado y me respondió que Ricardo le había contado todo sobre mi accidente.

Confronté a Ricardo esa misma noche y él solo me dijo que estaba enamorado de ella ¿Cómo se iba a enamorar de alguien que apenas conocía?, ¿cómo se atrevía a decirme eso cuando yo, evidentemente, estaba en un punto muy difícil de mi vida? Fue la peor noche en mucho tiempo. Toda la tristeza del accidente, el desánimo de estar en casa, el lento progreso de las terapias, se juntó, y mi poca estabilidad restante se quebró.

Me sumí en una depresión profunda. Comencé a fumar hasta el punto de convertirse en la actividad más recurrente de mis días. Incluso comencé a beber. La noticia de Ricardo me había afectado mucho. Yo no quería finalizar el matrimonio porque sabía que ese sería otro golpe duro para mí. Pensaba también en mis hijos.

A veces trataba de arreglarme, maquillarme, para que Ricardo me viera bien, más guapa. Me sentía en una competencia. Me obsesioné con no terminar esa relación, revisaba todo lo que él hacía; cuando regresaba de viaje inspeccionaba sus maletas.

Estuve tan triste durante esos tiempos que incluso dejé de asistir a las terapias. Mi mamá y mi tía Esperanza, que también había venido a ayudarme en ese momento, me insistían en que regresara, pero yo no tenía ganas. Mi ánimo y mi autoestima estaban muy golpeados. Empezaron a preguntarse en qué momento podría llegar a suicidarme.

Yo sabía que no me suicidaría, realmente nunca lo pensé. Me di cuenta de que estaba viviendo un luto: la pérdida de mis piernas. Sentía la verdadera pérdida de ellas, mi posibilidad de caminar, mi independencia. Aun mi vida normal se veía muy lejos, y sentía que no había quemado todo el dolor que llevaba adentro. Lloraba muchísimo; apenas hablaba, las lágrimas comenzaban a asomarse.

En septiembre de ese mismo año, mi hermana Andrea vino de Londres a visitarme y me invitó a salir. Incluso Ricardo se entusiasmó con la idea de que empezara a retomar mi vida y me animó a ir con ella. Fuimos con una amiga y mi hermana a un concierto. Ahí conocí a un peruano llamado Carlos Muñoz. Consiguió mi número y comenzamos a hablar por teléfono, y no tardamos mucho en empezar a salir. Ricardo se dio cuenta, pero se mostró indiferente.

Betty con su hermana Andrea.

Pasó el tiempo y Carlos comenzó a acompañarme al centro de rehabilitación, al cual me había entusiasmado a asistir, y en el que pasaba todo el día. En diciembre, Ricardo viajó con nuestro hijo a México, y yo estaba tan concentrada en ejercitarme que no lo llamé. Él me llamó a mí y me reclamó por mi falta de comunicación, preguntándome si no me importaba nuestro hijo. Yo le contesté que no me preocupaba, pues estaba con su papá y no debería pasar nada malo. Carlos me dijo que debería dejar a Ricardo porque "no era un buen hombre y no me valoraba". Se puso muy celoso con esa llamada, haciendo reclamos que me parecían absurdos, y que llegaron a ser groseros. Decía que yo seguía enamorada de Ricardo porque, si no, por qué contestaba sus llamadas. Ese debió ser mi primer llamado de atención contra todo lo que venía. 🪷

TIP PARA EL ÉXITO:

Mantén una mentalidad fuerte,
constante. Así como te sientes
haciendo grandes cosas cuando todo
está bien, debemos sentirnos de la
misma forma ante los problemas y
adversidades.

CAPÍTULO IV

UN NUEVO AMOR CON PROPÓSITO APARECE EN MI VIDA

La violencia es el primer recurso del ignorante.

Betty P.

Cuando conocí a Carlos en 2006, yo estaba a punto de cumplir los treinta años en septiembre. Mi hermana, a quien tenía mucho tiempo sin ver, vino de Londres a visitarme y me dijo que nos fuéramos a un concierto, nos había invitado una amiga. Ahí nos encontramos con un grupo muy grande de conocidos, entre ellos estaba Carlos. No le presté atención porque iba acompañado; sin embargo, unos días después, mi amiga me llamó diciéndome que una de las personas de ese grupo estaba preguntando si podía tener mi número. Efectivamente, era él.

Comenzamos a hablar por teléfono y después me invitó a comer. Cuando fue a buscarme a mi casa, ahí estaba Ricardo, viéndonos salir juntos. La verdad era que yo no conocía a Carlos, pero hablar con él era muy agradable. Había aceptado su invitación porque estaba triste y necesitaba un amigo, deseaba desahogarme con alguien que no perteneciera a mi familia. Carlos acordaba conmigo en que la actitud de Ricardo había sido espantosa: me decía que cómo era posible que mi pareja me hiciera eso, alguien con quien había pasado años juntos, con quien tenía un hijo. Él se presentaba como soltero o como divorciado, y decía que la persona que lo había acompañado al concierto era su ex, con quien había quedado en buenos términos.

Carlos y yo podíamos hablar por mucho tiempo. Comenzó a acompañarme a las rehabilitaciones, me sacaba seguido a comer. Ricardo veía desde la casa cuando él me buscaba y decía lo bueno que era el que yo hubiese conocido a alguien, porque yo era joven y necesitaba rehacer mi vida. En ese momento, de lo único que estaba segura era que la presencia de Carlos me reconfortaba. Todo eso ocurrió durante los meses de octubre y noviembre de 2006. En diciembre, Ricardo se fue a México con nuestro hijo a pasar Navidad y Año Nuevo allá. En Navidad, me llama por teléfono para saber de mí. Yo solía llamar a Ricardo cuando se iba de viaje con cualquier excusa, pero ahora que estaba ocupada con mis rehabilitaciones no lo hacía. Además, no tenía nada de qué preocuparme: mi hijo estaba con su papá, eso me tranquilizaba.

Esa llamada fue el detonante del primer ataque de celos de Carlos, lo que debió haber sido mi primera señal. En ese ataque, casi ni lo reconocí: se puso violento, abusivo y grosero. Me insultó y afirmó que yo seguía enamorada de Ricardo. Más que molestarme, me confundió que Carlos, una persona con la que nada más estaba saliendo, se colocara en posición de celarme contra alguien que seguía siendo mi esposo y era el padre de mi hijo. En el momento, lo justifiqué; él se disculpó y seguimos saliendo.

El primero de enero, Ricardo regresó a Atlanta y me llamó para decirme que quería hablar conmigo porque el mes que pasó en México le había dado mucho tiempo para pensar en nuestra relación, en su comportamiento hacia conmigo. Viniendo de él, una persona que me había lastimado tanto durante el periodo más vulnerable de mi vida, me sorprendió. No sabía qué pensar de él. Cada vez que Ricardo llamaba, Carlos me quitaba el teléfono para decirle que yo estaba con él y que no regresaría.

Cuando hablé con Ricardo, él había estado tomando, pero me dijo que quería que lo perdonara. No quería perder a su familia. Que yo era una gran mujer, él se había portado muy mal y lo reconocía, que él quería ayudarme a rehabilitarme. Me sorprendía ver a Ricardo confesar todas esas cosas, y me conmovía. Realmente, yo quería estar con él: quería que nuestro matrimonio funcionara, por nosotros y por nuestro hijo. Le dije que yo ya estaba saliendo con otra persona y que me sentía bien, pero él insistía. Fue muy insistente, pero vi a un Ricardo distinto, con verdaderas ganas de intentarlo de nuevo.

Finalmente, le di la oportunidad de que fuéramos a comer juntos. Comenzamos a tomar tequila, y, poco a poco, fui descargando todo lo que tenía que decirle: cómo me había sentido con sus tratos, lo triste que me puso su actitud. Él se disculpaba y volvía a reconocerlo todo, y a decir que yo era su familia y no quería perderme. Me había visto salir con otra persona y ahora tenía miedo de perderme. Que le diera otra oportunidad, en honor a todos los años que habíamos pasado juntos. Me di cuenta de que no había cerrado un ciclo con Ricardo: él y yo éramos personas distintas luego del accidente; tal vez, aún existía algo entre nosotros dos. Por qué no, si era mi esposo, el padre de mi hijo, mi pareja por varios años.

Con algunos tragos encima, decidimos ir a un hotel. No me sentí mal, ni tuve ninguna culpa: fui con mi esposo. Pero resultó que Carlos me había seguido, y se dio cuenta de que estuve en un restaurante y en un hotel con Ricardo. Al día siguiente, no esperó la oportunidad para llamarme, insultarme y hacerme sentir mal por eso. Yo lo volví a justificar, diciéndole que Ricardo era mi esposo y él, por muy bien que yo me sintiera en su compañía, que solo era alguien con quien salía. Además, ¿por qué me seguía? No había ninguna razón para demostrar esas actitudes, pero esas son las señales de la vida que no se leen al comienzo.

Tenía mucho que pensar. Ricardo me había hecho mucho daño en el pasado y aunque ahora demostraba la iniciativa de cambiar y de mejorar, hay heridas que tardan en sanar. Pero Carlos me confundía más, me molestaban sus celos injustificados y el que no entendiera mi necesidad de cerrar mi ciclo con Ricardo. Le dije que lo mejor era darnos un tiempo. Tal vez yo no estaba lista para entrar en una nueva relación, tal vez yo quería trabajar en volver a construir mi matrimonio con el nuevo Ricardo y la nueva Betty. Porque, al fin y al cabo, yo estaba reconstruyendo mi vida y mi identidad: tenía que descifrar quién era esta nueva yo, qué quería y hacia dónde iba.

En el fondo estaba contenta de que Ricardo regresara. Como mujer, fue un estímulo para mi ego el hecho de que dos hombres estuviesen viendo por mí, diciendo que los dos querían estar conmigo. La decisión final era mía. Yo decidía quién me acompañaría (o no) en mi vida. Si se decide tener una pareja, tiene que ser un compañero de luchas, de aventuras, de glorias y de tragedias. Tenía que estar con alguien que estuviera dispuesto a estar a mi nivel.

Sobre todo en esos momentos que fueron tan difíciles. En 2006, descuidamos mucho el trabajo y despilfarramos mucho dinero. Ricardo viajaba mucho a México porque tenía una nueva pasión: la música, una faceta que nunca había conocido de él. Tuvo el deseo de empezar una agrupación musical e invirtió en instrumentos. Yo viajaba a diferentes estados porque, en mi depresión, sentía la necesidad de viajar y viajar. Lo hacía con mi madre, mi tía y mis hijos Necesitábamos volver a trabajar para tratar de recuperarnos.

Un día, Ricardo estaba en una de sus aventuras aquí en Estados Unidos y le pusieron una multa por exceso de velocidad. En este país, cuando no pagas esos tickets, apareces en una base de datos que indica que, si en un plazo no cumples con el pago, la policía va a tu residencia y te arresta. Y así fue, un día ambos estábamos en la casa y golpearon la puerta unos oficiales grandes con una gestualidad intimidante, dispuestos a llevarse a Ricardo arrestado, así como estaba, en su vestimenta más casual. Pude pagar su fianza, pero su licencia iba a estar suspendida por unos meses.

Eso nos limitaba un poco, con Ricardo sin poder conducir, yo tenía que manejar a todos lados con él, en vez de ir cada uno por su lado. Además, la crisis económica de Estados Unidos en 2007, fue una de las peores, todo el mundo estaba perdiendo sus casas, Los proyectos de nuevas construcciones se venía abajo. Había sido el peor momento para ser irresponsable. Las constructoras estaban frenadas, detenían la construcción de vecindarios enteros, dejándonos a nosotros sin ningún trabajo. De tantas subdivisiones que llegamos a tener, nos quedaban dos o tres. Y los gastos no dejaban de llegar. No había tiempo para pensar en Carlos o en Ricardo, había que enfocarnos en recuperarnos económicamente. Empezamos a buscar trabajo, yo manejando con un aparato o equipo especial para personas con algún tipo de discapacidad que apenas aprendía a utilizar y Ricardo como copiloto.

Él tuvo, durante esos tiempos, un detalle que nunca voy a olvidar, y que, por sencillo que pueda parecer, definió para mí lo que significa una pareja. En uno de nuestros viajes, acudimos al llamado de un amigo en común, Luis Naranjo, que necesitaba información para un proyecto. Ricardo sacaba las medidas de los planos y yo hacía el presupuesto. Habíamos estado en la ruta todo el día, ocupados, ninguno de los dos había comido nada. Nos instalamos en una oficina que tenía una pequeña cocina y un baño, yo me senté a trabajar en la computadora. Ambos habíamos notado que ahí había una sopa Maruchan, una sopa instantánea de un dólar que se cocina con agua caliente. Le pregunté a Ricardo si él sabía de quién era, y él contestó que podía ser de Luis o de la secretaria. Seguí trabajando, sin dejar de notar que Ricardo volteaba varias veces hacia mí, como si quisiera saber si yo lo estaba vigilando.

La oficina tenía una puerta hacia una pequeña bodega. Ricardo continuaba con su actitud sospechosa, pero seguí trabajando. Se había alejado, y me levanté a ir al baño o algo así. Cuando salgo por la puerta hacia la bodega, veo a Ricardo comiéndose la sopa. Él solo. Escondido. La sopa siempre había sido de él.

No me cabía en la cabeza, no era capaz de entenderlo. Después de tantos días llevándolo a todos lados, de arriba abajo, ni siquiera estando totalmente rehabilitada, pero con el aparato que utilizaba para manejar… ¿él no era capaz de compartir una sopa instantánea conmigo? Después de haber aceptado sus irresponsabilidades y sus descaros, él me traiciona de esa manera. No dudé en hacerle saber mi molestia en ese momento y le pregunté: "¿no se suponía que ibas a cambiar?, ¿que tendrías una nueva actitud y todo iba a ser diferente?, ¿que nos íbamos a superar?". A lo que él me contestó: "Lo que pasa es que todo lo que yo me propongo lo logro, me propuse alejarla de ese peruano y lo logré". "Ah, ¿sí? ¿Y cómo le consta que lo logró?", contesté yo.

Yo necesitaba vivir esa experiencia para confirmar que Ricardo nunca iba a cambiar. Le había dado la oportunidad de cambiar, de mejorar, de superarse, por él, por mí, por nuestra familia, y él la desperdició con su egoísmo. Pero no íbamos a durar mucho tiempo más juntos.

En ese año, mi residencia fue negada y mi hermana me insistía en que volviera a aplicar, que ella misma me acompañaría. Apliqué, asistí a las citas, e incluso tuve el apoyo de Ricardo, quien, a pesar de todo, nunca dejó de apoyarme en conseguir los papeles. Me reconfortó, pues muchas personas utilizan la nacionalidad como herramienta de manipulación. Pero él dijo que no importaba nada, que no me abandonaría en ese tema.

El día que me dieron la residencia, estaba con él. Yo iba manejando, pensando en todo lo que Ricardo me había hecho, dejarme sola durante el embarazo, no apoyarme luego del accidente, y, por último, lo de la sopa Maruchan. En el camino, me detuve en casa de su mamá. Le dije que nos bajáramos, tenía que hablar con él. Fuimos al patio trasero de la casa, encendí un cigarrillo y le pregunté: "¿usted se acuerda de todas las cosas que me hizo?". Le dije muy claramente que ya no quería estar con él. "Eran los papeles lo que estabas esperando", me contestó.

Él empezó su teatro de desesperarse mucho cuando yo decía esas cosas. Decía que se iba a matar, que no podía vivir sin mí y sin nuestra familia, que se quedaría solo. Más tarde, le comenté eso a mi mamá, ella dijo "el que se va a matar, no lo anuncia". Ricardo también trató de convencerme a través de mi hija Valentina, también le decía lo mismo y ella me pasaba el mensaje. Yo decidí que, si Ricardo de verdad se mataría, pues que ajustara él sus cuentas con Dios, pero ya no era mi problema.

Intenté sacar adelante mi matrimonio con Ricardo hasta donde pude. Pero por estar concentrada en obtener la ciudadanía, no me tomé la molestia de conocer lo malo. Éramos de dos culturas y maneras de pensar muy distintas, nunca íbamos a calzar porque él esperaba que yo fuese un tipo de mujer que no se parece en nada a mí, y él quería salirse con la suya y estar con todas las mujeres que él quisiera. Al comienzo sí me había enamorado, tuvimos un hijo y quise llevar todo por el buen camino, pero hizo muchas cosas que no pude perdonar ni olvidar.

Dejar a Ricardo fue un gran paso para mí porque representó la gradual recuperación de mi independencia mental y física, pues, en cuanto a mi cuerpo, las cosas estaban mejorando poco a poco. Ya podía manejar por mi cuenta con el instrumento especial para discapacitados, y llevando a Ricardo de un lado a otro agarré bastante práctica. Podía ir y venir cuando quisiera, lo que era muchísimo mejor que estar en la silla, dependiendo de los demás. A pesar de que era hecha a la medida con un material muy liviano y fuerte, mi cerebro nunca se acostumbró a ella. No aprendí a usarla, no me acostumbré: algo en mí tenía muy seguro que eso sería pasajero. Para caminar, me movilizaba con un caminador que me permitía dar pequeños pasitos. Salía con mis hijos para no estar sola, que me acompañaban a hacer casi todo.

En mayo de 2007, el día de las madres, Carlos me envió un correo de felicitación y recordándome que se había apartado de mí para que yo fuese feliz en mi relación con Ricardo. Que ojalá yo estuviera bien y tranquila. No pude contestarle el mensaje porque me cortaron la luz por no pagarla. No tenía dinero: el que entraba por la limpieza de casas lo utilizaba para comprar comida y pagar deudas. Cuando pude llamarlo, le conté *grosso modo* mi ruptura con Ricardo y mi dura situación económica, también que no tenía luz en mi casa y que estaba con mi madre y mis hijos y que no podía dejarlos sin electricidad. Me pidió que no me preocupara, que él pagaría la cuenta de la luz. Y lo hizo.

Él se portó como un caballero supuestamente en ese entonces, me apoyó mucho. Me invitó a salir y hablamos bastante, como antes. Le conté todo lo que había pasado con Ricardo, de mis deudas, y dijo que él me apoyaría en lo que pudiera. Además, me comentó que yo le hacía mucha falta. Poco a poco, comenzamos a volver a salir.

La relación con Ricardo se había acabado oficialmente, pero encontraba maneras de complicarme aún más la vida. Un día, me dijo que llamara a Carlos para decirle que me iría con él, pero sin nada, solo yo y mis hijos. Ricardo pensó que Carlos rechazaría mi oferta, pero se sorprendió cuando, en realidad, dijo que sí. Que dejara todo y que me fuera con él. Ahí entendió que me había perdido para siempre.

El padre de Ricardo, a quien le tenía mucha estima porque lo sentía como si fuera un segundo padre, como parte de mi familia, había comenzado un proceso jurídico en mi contra, con el objetivo de quitarme mi casa. No podía creer lo que estaba haciendo. Cuando compramos la casa lo hicimos con el crédito del padre de Ricardo y ahora se estaban aprovechando de eso. Querían sacarme de mi propia casa. Estaba resentido porque estaba dejando a su hijo. Me puso muy triste y nerviosa, pues yo apreciaba a los padres de Ricardo y nunca entendí por qué fueron tan radicales con esa decisión. No sabía que salir de mi casa sería el inicio de uno de los peores infiernos que habría vivido.

Sentí mucho miedo porque aún tenía que rehabilitarme y no tenía dinero. Pero ahora Carlos estaba conmigo, y me dijo que no tuviera cuidado porque yo podía vivir con él. Le pedí a Ricardo y a su papá que me permitieran sacar mis muebles (que sí eran míos), y me los llevé a casa de Carlos.

Cuando comencé a vivir con Carlos, empecé a ver muchas cosas que la vida me había advertido, pero a las que yo no les presté atención. Al menos, no la necesaria. Una de ellas fueron los celos. Yo aún tenía que hablar con Ricardo por cuestiones de trabajo, sobre todo cuando nos pagaban. Los *builders* son compañías grandes que retienen parte del dinero de nuestro trabajo por semanas; cuando nos hicieron un pago, yo tuve que hablar con él para dividirlo entre los dos. Cada vez que hablaba con Ricardo, Carlos entraba en unos ataques de celos irracionales, injustificablemente violentos. Igualmente viajé con él a Colombia, a donde fui a un centro de rehabilitación que era más económico que en Estados Unidos.

En ese momento era yo muy joven, tenía 31 años y no podía vestirme con escotes. Carlos decía que yo era una puta, que me gustaba provocar a los hombres. También me llamaba "lisiada", "paralítica". Era un cambio de personalidad total, de estar tranquilo pasaba a gritarme e insultarme. Para luego disculparse y actuar como si nada hubiera pasado. Yo jamás había vivido este tipo de maltratos emocionales, que más tarde se convirtieron también en maltratos físicos. Incluso llegó a maltratar a mi hijo Ricardito: lo golpeó, lo amenazó, le dijo que no me contara porque me mataría. Años después me enteré de esto porque si hubiera sabido en ese tiempo no se que hubiera sido capaz de hacer.

Perdía la razón y yo trataba de explicarle que no tenía por qué ponerse así. Aún tenía que divorciarme de Ricardo. Un divorcio que, por cierto, estaba pagando yo. Teníamos que hablar de dinero, de trabajo. Compartíamos un hijo. Pero Carlos decía que yo todavía lo amaba. Tenía cambios tan radicales de humor, que había días en que yo no sabía qué hacer, solo lloraba. Él decía que no sabía qué le pasaba, nunca se había sentido así y era por mi culpa: "usted me pone así". Me justificaba pensando en que esa era la vida que me había tocado y no tenía remedio. A pesar de todo lo que estaba viviendo trataba de levantarme todos los días a buscar trabajo y emprender algo. No sé de dónde sacaba las fuerzas, solo Dios sabe por lo que yo y mis hijos estábamos pasando.

En la búsqueda de trabajo, decidimos meternos en el negocio de las grúas que ofrecen ayuda en las carreteras. Viajamos a Florida para comprar una. Ahí, nos recibió un señor americano amable que nos mostró la grúa y sus detalles en una bodega muy grande y vieja. En eso, me dieron muchas ganas de ir al baño. Le comuniqué mi problema: que yo no podía aguantar las ganas, no podía dejar que mi vejiga se llenara mucho. Él fue muy considerado y me llevó en carro al baño más cercano. Lo que me esperaba de regreso era un Carlos furibundo, gritándome que yo había tenido sexo con ese hombre, que cómo yo era capaz de hacer eso. De nuevo me insultó. Otra vez hubo ese cambio en él.

Ya quería regresar a Atlanta porque toda la situación me parecía inaudita. Cuando Carlos y yo estábamos de nuevo en el carro, le pedí que fuéramos al aeropuerto. Que al menos me dejara a mí allí, porque ya no soportaba nada de lo que estaba pasando. Pero se desvió y terminamos en una playa, cerca de Ocean Drive. Ahí, su personalidad estaba en la fase de las disculpas, de la súplica, y de la falsa vulnerabilidad. No me convenció. Le dije que no había razones para insultarme y tratarme así y como se atrevía a pensar que yo había tenido sexo en el baño con ese señor, y le insistí en que me llevara al aeropuerto. De pronto, se alejó de mí. Yo creí que regresaría, pero no, me dejó sola en la playa.

No podía creer que me dejara sola en la playa. En ese momento yo caminaba usando bastones, y no tenía la suficiente fuerza para levantarme y superar el gran obstáculo que era la arena. Además, tenía que ir al baño. Tuve que orinarme ahí mismo donde estaba, y gatear como pude para salir de ahí. Una vez en el pavimento, pude levantarme y lo vi, desde la distancia, en uno de los restaurantes de Ocean Drive. Yo comencé a caminar hacia el parqueadero. Pasé a su lado, lo ignoré y seguí. Él también me vio y caminó hacia mí, pero yo le dije que no, que no quería verlo más. Rápidamente, se me acercó, me alzó, me montó en el carro y comenzó a manejar. Ahí, en Miami, nos estábamos quedando con un tío suyo, entonces nos dirigíamos hacia su casa. En un poste de luz, vi a una patrulla de policías. Él también los vio. Me dijo que si intentaba hacer cualquier cosa me mataba. Era alrededor de la una o dos de la mañana. Se dio cuenta que estaba perdido y se estacionó en el parqueadero de un McDonald's. Yo estaba sentada en la parte de atrás del carro. Pensé en esperar a que se durmiera para yo poder bajarme y buscar ayuda. Cuando pensé que ya estaba dormido, me moví. Apenas hice el más ligero movimiento se levantó y se fue hacia el asiento de atrás y comenzó a pegarme con todas sus fuerzas. Me daba cachetones. En un momento, me agarró por el cuello y trato de ahorcarme. Varias veces pensé que iba a morir esa noche. Cuando vio que casi no podía respirar, me soltó.

Inmediatamente me quedé completamente quieta y no seguí intentando escaparme de ahí pues cualquier intento iba a ser fallido.

En la mañana, muy temprano, alrededor de las siete arrancamos hacia casa de sus tíos. Yo estaba rogando que no se dieran cuenta de nada, Carlos me decía que actuara normal, como si nada hubiese pasado. Cuando llegamos, estaba aguantando las ganas de llorar, probablemente se dieron cuenta. Llegamos al cuarto, cerramos la puerta y él se arrojó al suelo a disculparse. Lloró y repitió que era yo la que lo ponía así, que eso nunca le había pasado. No sé de dónde sacó unas tijeras, tampoco con qué intención. Yo no dije absolutamente nada, estaba viendo a alguien totalmente fuera de sus cabales.

Yo me sentía como una presa cautiva. No tenía lugar a dónde ir, no tenía con quién quejarme, y Carlos había logrado intimidarme, sobre todo por medio de Ricardito. Él sabía que como era mi niño pequeño (en ese momento tenía seis años) era lo que yo más cuidaba, y amenazaba con hacerle daño. No se metía con Valentina porque ya era grande y podía defenderse.

Además de intimidada, estaba resignada. Con poco trabajo y dinero, ¿a dónde iba a ir? Yo tenía a mis hijos y a mi mamá, Carlos me aseguraba un techo, pero era uno infernal. Había días en que me echaba de la casa, pues ese era su objeto de manipulación. Me decía que nadie me iba a mantener como él lo hacía, con mi mamá y mis hijos. Yo me repetía a mí misma: "aguanta, que esta es la vida que te tocó".

Antes de que se quedara con nosotros, no le contaba nada a mi madre de lo que me pasaba con Carlos, con la intención de no preocuparla. Cuando ella iba a la casa, yo trataba de apaciguar a Carlos como podía: no lo hacía molestar, y cuando lo veía a punto de hacerlo, lo alejaba y lo calmaba. No sé cómo lograba hacer que se calmara. Tal vez porque, en ese momento, mi madre todavía no se daba cuenta cómo era él realmente y él quería seguir manteniendo su fachada. Pero no faltó mucho para que se peleara con mi madre y luego con mi tía, quien después llegó a quedarse con nosotros. Bajo ese techo se había formado una guerra en la que Carlos me gritaba que me fuera con mi tribu. Una vez, mi madre, que tenía sesenta años y que ya era consciente de cómo me trataba Carlos, nunca me voy a olvidar cuando agarró una silla, la levantó y lo amenazó, le dijo que no me volviera a tratar así. Nunca había visto a mi madre con esa determinación.

Después de tantas peleas yo ya no era la misma, estaba aprendiendo a defenderme. Nació una fuerza dentro de mí que ya no soportaría gritos e insultos. Empezaba a devolvérselos. En una ocasión, estando en la cocina, le lancé todos los cuchillos que pude. Se los tiraba sin hacerle daño, pero sí para hacerle saber que yo también podía defenderme. Era claro que debía salir de ahí. Estaba compartiendo techo con un abusador del que me tenía que defender todos los días, y era agotador. La policía llegaba a la casa por notificaciones de violencia doméstica reportadas por los vecinos, pero como la casa era de él. lo que me sugerían era que yo me fuera… Como si fuera tan fácil.

Salir de una relación abusiva no es sencillo. Es una situación confusa y angustiante donde la víctima es manipulada por el abusador, quien la culpa por la violencia. Así me decía Carlos: él no era violento, pero yo "lo ponía así". Es importante reconocer el abuso lo más pronto posible y pedir ayuda a las personas más cercanas. Al principio, no hablaba con nadie sobre mi situación con Carlos. No sabía que la violencia se repetiría ni se volvería cada vez peor. Tampoco quería espantar a mi madre ni a mis amigos. Muchas veces pensaba "esta es la vida que me tocó, no tengo más opción que luchar". En ese momento, Carlos era el único techo que podía pagar con mi crítica situación económica, y él usaba esa situación para manipularme, diciéndome que nadie más me aceptaría ni a mí ni a mis hijos. Los abusadores tienen patrones de violencia y compensación, donde la agresión viene acompañada con un buen trato, para hacer sentir a la víctima merecedora del abuso.

Cuando todo parecía perdido, un ángel me echó una mano: mi amiga Doris Moreno. Nos habíamos conocido en el gimnasio donde yo me rehabilitaba. Ella era originaria de Nueva York, toda su familia estaba allá y estaba planeando su regreso para luego ir a Canadá, un país que le estaba ofreciendo mucha ayuda a los colombianos en ese momento. Me dijo que me fuera con ella, que escapara de esa situación con Carlos, que allá tenían buenos planes para gente con discapacidades que estaba rehabilitándose. Le comenté que tenía a mi madre y a mi tía, y me dijo que no había problema, ellas también podían ir. Ese fue mi gran primer paso para abandonar mi relación abusiva: hacer planes de escape con la gente cercana a mí.

Todas nos pusimos en plan de acción, pero no fue fácil. Carlos me echaba de la casa todo el tiempo, pero cuando yo decidía irme, no me dejaba ir. Mi hija Valentina hacía y deshacía las maletas todo el tiempo. Metimos todo lo que pudimos en cajas, esta vez con ayuda de mi tía, esperando la oportunidad perfecta para escapar. Dejé a mis dos hijos con sus papás para poder ir a Nueva York, pasar unos días ahí y luego salir a Canadá.

Carlos no me la iba a poner tan fácil. En los días antes del viaje, me puso una orden de restricción de la casa. Eso me evitaba sacar las cosas que quedaban ahí dentro, incluyendo todos los muebles que yo había llevado de mi casa. Todos eran míos, cuando llegué, él no tenía casi ninguno. Le dijo a la policía que debía poner la orden porque yo amenazaba con quemar la casa. Los oficiales llegaron ese día, anunciando que nada más teníamos cinco minutos para abandonar la propiedad. Solo nos dio tiempo para sacar un cepillo de dientes antes de irnos.

Ya el viaje estaba programado y nada me iba a detener, iba a escapar como pudiera. Mi madre, mi tía y yo coincidimos en que lo material, a esas alturas, no importaba y se podía recuperar. Le pedimos permiso a la policía para al menos sacar algo de ropa y ya. Ellos nos acompañaron dentro de la casa mientras empacábamos rápido, y después nos fuimos. Dejando mucho atrás, pero sin nada que perder. A veces, la energía más poderosa llega a nosotros en los momentos más oscuros.

Mi recuperación física no paró ni en los peores momentos del abuso. Tal vez mi instinto de supervivencia era lo que me impulsaba a seguir para poder escapar. Algunas veces me desmotivaba. Pasaban días en los que no tenía ganas de ir a rehabilitación. Pero trataba de motivarme por mis padres y por mis hijos. Poco a poco, entendí que no podía dejar de asistir. Tuve consciencia de lo importante que era para mí: las terapias eran la clave para escapar de ese infierno. Así como empecé a defenderme de sus agresiones, le puse más empeño a mis terapias.

TIP PARA EL ÉXITO:
comprométete a mejorar.
Inspecciona a tu alrededor y piensa,
¿qué podría estar haciendo mejor?

CAPÍTULO V

DETERMINADA AL ÉXITO

El dolor y la tristeza son emociones que debemos sentir.
Si aprendemos a convivir con ellas, nos ayudarán
a desarrollar tácticas para superarlas con tenacidad.

Betty P.

Canadá parecía ser la luz al final del túnel. Vivir en Atlanta se me hacía imposible con los maltratos y las amenazas de Carlos. Estaba segura de que algún día él podría matarme. Pero no podía irme porque ese hombre era el único que me aseguraba un techo, que era un gran gasto menos. Yo tenía que velar por mis hijos, mi madre, mi tía y por mí. Tenía muchas responsabilidades, pero la violencia de Carlos ya no era solo hacia mí, se extendía hasta mi madre y mi tía. Eran maltratos de todo tipo, verbales, psicológicos y, en mi caso, hasta físicos. Sentía que no podía pedirle ayuda a nadie, hasta que llegó Doris. No desperdicié la oportunidad de escapar para buscar algo mejor.

Nos fuimos a Nueva York, el 23 de diciembre de 2008. Sería la primera parada antes de nuestro país destino. Al día siguiente, partimos en dirección a Canadá. Íbamos en dos carros. Adelante, estábamos mi madre, mi tía y yo al volante. Detrás, mi amiga Doris llevaba a sus dos hijos: el grande de veinticinco años y el pequeño de doce. Éramos conscientes de que sería un viaje largo. La distancia entre Nueva York y Mississauga, nuestro destino en Canadá, es de más de quinientos cincuenta kilómetros: aproximadamente, ocho horas en carretera.

La primera parada fue a medianoche, para comer. Nos deseamos "Feliz Navidad" y continuamos rodando. Yo estaba cansada, pues de las tres que íbamos en mi carro yo era la única que manejaba. El cansancio físico era brutal, ya no utilizaba el aparato para manejar, lo hacía con mis piernas y mis pies que era aún más agotador, pero mentalmente también estaba exhausta, la cabeza no dejaba de darme vueltas ¿qué iba a hacer yo en Canadá? No conocía a nadie allá, tendría que sacar mi documentación, buscar trabajo. Empezar desde cero otra vez, pero con treinta y un años, dos hijos menores de edad, una discapacidad y como inmigrante.

Durante mi vida, me había presentado positiva ante el cambio, me gustaba porque implicaba convertirme en una mejor versión de mí misma: cuando me mudé a Cali y cuando me mudé a Estados Unidos. Pero el camino a Canadá me llenaba de miedo, ya no tenía la misma seguridad que antes. Ahora tenía más responsabilidades, menos recursos; además, tenía una discapacidad física y a esto había que sumarle una ciudad totalmente desconocida. Todo esto me angustiaba demasiado. Atlanta al menos había sido mi hogar y estaba lleno de gente conocida.

La siguiente parada fue una gasolinera. El cansancio era tal que tomé la primera Red Bull en toda mi vida. Me despertó lo suficiente para seguir rodando en esa fría madrugada. No supe en qué momento, fue una cuestión de segundos, perdí el control del carro. Comenzó a patinar, no pude direccionarlo y traté de frenar, pero no sirvió. Dimos muchísimas vueltas hasta salirnos de la vía y caer en un riachuelo paralelo a la carretera. Los vidrios del parabrisas se rompieron y se incrustaron en mis muñecas. Los de atrás también se habían roto, pero mi madre y mi tía salieron sanas y salvas. El agua entraba al carro.

Resultó que había patinado en *black ice* (hielo negro), una fina capa de hielo que se había formado sobre la vía y que era muy difícil de ver. Mi tía y mi madre estaban muy angustiadas, y no era para menos. ¿Quién nos iba a ayudar un 25 de diciembre en la madrugada? Yo trataba de que hubiera calma. Estaba con las manos llenas de sangre por el daño que me causaron los vidrios. Estábamos en Buffalo, muy cerca de Canadá.

No había pasado mucho tiempo cuando, afortunadamente, una patrulla de policía pasó y notó el accidente. Mi amiga Doris, que iba detrás de nosotras, sí había visto el accidente, pero quedó en shock, pensando que nosotras tres nos habíamos matado. Cuando vio que estábamos bien, nos acompañó a la clínica y ahí todos logramos relajarnos. Pero el accidente no tuvo piedad con mi carro. Fue pérdida total. Lo dejé botado, porque no valía la pena. No tenía seguro en ese tiempo, pero no serviría para nada, pues era un carro muy pequeño y no me habrían ofrecido un *full recovery*. Era un Ford Focus, le decíamos "el pollito" porque era pequeño y de color amarillo. Me dolió mucho dejarlo, no solo le había agarrado cariño, también era una de mis pocas cosas que me había llevado a esa odisea. Cada vez sentía que tenía menos.

Llegar a Canadá fue terrible para mí. El frío se me metía hasta los huesos. Me recordaba al primer accidente, cuando estaba cubierta por la nieve y sentía que moriría de hipotermia. Llegamos en pleno invierno y la nevada llegaba a medir hasta cuatro pulgadas. Con las férulas y los dos bastones de apoyo que tenía en ese momento, me era muy difícil caminar en la nieve, necesitaba que alguien me ayudara constantemente. Todo resultaba excesivamente frustrante y deprimente. En ese momento, yo fumaba mucho, y podía fumar sin fin pensando en qué sería de mi vida y la de mis hijos en ese país nuevo y desconocido.

Fuimos a la cita con el abogado que nos ayudaría con el asilo político para mi tía. Yo no podía optar por él porque ya tenía la residencia americana. Eso rectificó la situación en la que me sentía: no tenía nada que hacer en Canadá. Estaba muy deprimida, en lo único que pensaba era en regresar a Atlanta. Mi madre decía que no importaba cómo estuviesen las cosas, pero que yo no regresara. Ella moría de terror con solo pensar que volvería a la vida que acababa de dejar y más aún que Carlos no me dejara en paz. Se puso tan brava conmigo que hasta me culpó por lo del accidente porque, supuestamente, iba muy rápido. Y, tal vez, si era verdad.

Cada día que pasaba en Canadá, sentía que cada día moría un poco más. Los días duraban muy poco, el frío no me dejaba moverme. Tenía la oportunidad de quedarme con los sobrinos de Doris, quienes fueron muy amables en recibirnos, pero la gran pregunta no abandonaba mi mente: en qué iba a trabajar. Me desesperaba pensando en qué pasaría con mi vida y qué futuro le ofrecería a mis hijos. Yo no podía vivir sin trabajar. Había comenzado desde tan joven, no podía concebir la idea de depender de los demás, de no poder costear mi vida. Mi madre y mi tía seguían sin comprenderme, peleábamos mucho. Pero en el fondo de mi corazón las entendía: ellas pensaban que yo había perdido el juicio.

No duré muchos días en Canadá. Doris regresaba pronto a Nueva York pues nada más estaba acompañando a su familia, y me dijo que me fuera con ella. Que allá había muchísimas oportunidades, y que el estado ofrecía buenos programas para gente con discapacidad. Me agradaba la idea de salir de Canadá, pero Nueva York era una ciudad muy cara y me encontraría otra vez en un lugar desconocido, sola. Tenía que tomar la decisión rápido porque Doris no iba a esperar por mí.

Acepté irme con ella, a pesar de que mi madre se molestó demasiado conmigo, hasta el punto de no hablarme. Yo, como madre, la entendí. Si una de mis hijas estuviera en esa misma situación, hubiera reaccionado igual. A ninguna madre le gusta ver sufrir a sus hijos. Ella estaba segura de que si yo regresaba al lado de Carlos, él acabaría con mi vida. Además ella no podía acompañarme de regreso porque tenía que regresar a Colombia. Doris y yo pasamos el 31 de diciembre en Nueva York y le dimos la bienvenida a 2009. No tardé mucho en sentirme como en Canadá, sin saber cómo empezar a trabajar. Ahí también nevaba bastante y las capas de nieve eran muy gruesas. Sin facilidad de moverme, sin contactos, seguía dentro de la misma frustración. Le escribí a mi amiga Carmen Quintero, la que estuvo conmigo el día de mi accidente, para preguntarle si podía recibirme en Atlanta, aunque fuera por unos meses mientras me acomodaba. Me dijo que no, que en ese momento no podía. Me dolió mucho, entendía sus razones, pero era la única persona en la que confiaba lo suficiente para pedirle ayuda, era mi gran amiga en Atlanta.

Durante mis días en Nueva York, recibí un *email* de Carlos donde se disculpaba por todo. Decía que se sentía muy mal por todo lo que había pasado, que las cosas que me había hecho no le dejaban dormir por las noches, él no sabía por qué había hecho eso. Era un correo lleno de excusas baratas. Tardé días en contestarle porque quería estar segura de poder desahogar todo lo que en realidad quería decirle: ¿qué le pasaba?, ¿cómo se le ocurría hacerme eso a mí? Si iba a ser violento, que al menos se limitará a mí, pero que no metiera a mi familia en sus problemas. Fue el hombre que insultó a mi madre, golpeó a mi hijo pequeño, llamó drogadicta a mi hija e inventó que era adicta, todo para que ella perdiera credibilidad con la policía por el simple hecho de que estaba defendiendo a su madre tratando de explicar lo que estaba pasando. Esa era la persona que ahora se estaba disculpando de la manera más barata por correo electrónico.

Doris se iba a quedar viviendo en Nueva York, mientras yo le daba vueltas a mi cabeza pensando en qué iba a hacer con mi vida. Solo tenía clara una cosa: tenía que regresar a Atlanta. Pero sin Carmen, no tenía opción. Ahora mi tía estaba en Canadá, mi madre regresaría a Colombia y Doris se quedaría en Nueva York. Nadie era capaz de sentir mi angustia y frustración. Mi madre no me hablaba, Doris no comprendía por qué quería volver. Atlanta se había convertido en mi hogar, y, en aquel momento, era mi única salvación. Estaba segura de que, si regresaba, podría recuperarme. Era una decisión que me hacía sentir segura, era mi instinto el que me indicaba el camino, aunque todo estuviera en mi contra.

Duré un mes en Nueva York hasta que vi la única solución a mi problema. Sonaba como la más peligrosa, incoherente y contradictoria decisión que habría tomado en mi vida. Pero era la única. Si iba a volver a Atlanta, tendría que llegar con Carlos. Eso dije: "este hombre es la única puerta que tengo en Atlanta". Él seguía escribiéndome por correo sobre lo arrepentido que estaba, lo mal que se sentía, seguía llenando mi bandeja con sus disculpas baratas. Con la mente más fría que pude tener, decidí jugar las cartas a mi favor. Si tan arrepentido estaba, me daría la oportunidad de volver.

El emprendedor debe tener la capacidad de superar cualquier reto por imposible que parezca. No se trata de reconocer si los retos son para uno o no, se debe estar preparado para cualquier circunstancia.

Para un emprendedor, los mayores retos son convencerse que puede lograr las cosas y pensar en grande. Esto se denomina "reto psicológico del convencimiento" y hace referencia a lo que una persona cree que es capaz de lograr. El empresario Kenneth Mendiwelson afirma que "necesitamos más personas convencidas de todo aquello que pueden lograr y pensando en grande, proponiéndose grandes cosas y lanzándose a ejecutarlas. Es clave saltar esa barrera psicológica para competir a talla mundial". Yo sabía lo que era capaz de lograr, solo debía ser lo suficientemente fuerte para superar este obstáculo.

No me importaban las circunstancias. Si esa era la oportunidad de volver a trabajar y recuperar mi independencia, la tomaría. Con toda mi determinación y una mente calculadora, le dije a Carlos que regresaría a vivir con él a Atlanta. Una vez ahí, me di cuenta que el sentimiento que tenía por él no era amor, sino resentimiento. Lo veía y recordaba todas las cosas que me había hecho a mí y a mi familia. Entonces supe que sería fácil para mí aprovecharme de su techo por un tiempo, hasta que consiguiera lo suficiente para salir. Entendí que las cosas que me hizo en el pasado me dolían porque lo quería. Ahora, su violencia me daba igual. Hacía lo posible para evitarlo y seguía con mi vida.

Era febrero de 2009 cuando regresé. Los primeros meses fueron fáciles porque, como él había prometido cambiar, se portaba muy bien. Y Carlos era muy bueno poniendo su buena fachada: era muy social, amable, tenía un buen inglés. Pero con el paso del tiempo su verdadera persona iba revelándose: volvían los arranques rabiosos y las peleas. Sin embargo, esta vez todo era distinto, su actitud contra mí había empezado a cambiar. Veía que lo que me decía ya no me afectaba como antes. Mi semblante había cambiado, mi mirada era nueva. Sus insultos ya no funcionaban conmigo.

Siempre he sido una persona centrada y dedicada a valerme por mí misma. Y el hecho de estar viviendo con alguien tan volátil como Carlos no me iba a cambiar. Volver a Atlanta fue una decisión difícil porque me alejó un tiempo de mi familia, mi madre y mi tía; porque me ponía, de nuevo, bajo el techo de una persona violenta. Pero sabía que tenía que hacer algunos sacrificios para poder volver a tomar las riendas de mi vida.

Lo primero que necesitaba era un carro. Tener con qué movilizarme era el primer paso para empezar la búsqueda de trabajos. Me dirigí a un sector con varios *dealers* de carros, donde podía conseguir precios accesibles. Había uno donde trabajaba un amigo, Karlees Auto Sales, al que ya le había comprado cuando yo trabajaba en construcción. Después de escogerlo, llegó el momento de pagar. Saqué mi chequera y le dije la verdad: yo no tenía dinero. Pero necesitaba un carro para trabajar. Le dije que lo que más necesitaba en mi vida en ese momento, tan importante como respirar, era trabajar. No iba a lograr nada sin ese carro. Le ofrecí un cheque en blanco, con la seguridad de que lo pagaría cuando pudiera. Tal vez, vio la desesperación en mi mirada o, tal vez, confió mucho en mí, pero aceptó el trato y me vendió el carro.

Ya tenía con qué desplazarme y me sentí un poco más libre. Era pequeño, pero me llevaría a donde necesitara. Fui a ver a William Uribe, un amigo que había recibido cuando él había llegado a Atlanta con su esposa e hijo, durante los tiempos que viví con Ricardo. Trabajaba en una tienda de herramientas para construcción como conductor. Me comentó que una de las ventas más grandes ahí eran los clavos, pues las compañías los compraban para hacer *roofing*, la instalación o reparación de techos. Debido a las tormentas que habían azotado la zona por ese entonces, los trabajos en ese sector estaban en auge. No dejé de pensar en eso.

Me contacté con Mauro para preguntarle si sabía algo sobre el tema. Él me conocía y sabía que yo era muy emprendedora y muy curiosa. Me contó que una compañía americana de *roofing* fue a su casa a ofrecerle un cambio de techo por medio de su seguro. Este sector del *roofing* se dedica a la restauración de techos después de fuertes tormentas, como las de granizo, unas pelotas de hielo gigantes que vienen con mucha brisa y arrasan los tejados. Era muy diferente al que yo conocía por mi trabajo en nuevas construcciones, que montaba techos a casas nuevas. Busqué información en Google, vi tutoriales en YouTube y leí varios artículos. Así como estudié sobre los medicamentos Pfizer que tenía que ofrecer para que los médicos los recetaran, me dediqué a aprender sobre restauración de techos.

Cuando me divorcié de Ricardo, abrí otra compañía para tratar de ofrecer los mismos servicios que hacía cuando estaba con él, United Quality Construction. Durante 2007, año en el que nos divorciamos, recibí muy poco trabajo, los proyectos eran muy esporádicos. Para tratar de salvarla, recurrí a Carlos con la intención de que, con su crédito bancario limpio, pudiera hacer un plan de negocios y conseguir financiación del SBA (*Small Business Administration*), una entidad que apoya a las pequeñas empresas. Mi crédito estaba muy cargado con todas las deudas que me había dejado el accidente. No logramos nada con el SBA, pero Carlos seguía incluido en la compañía.

Con él, habíamos formado una empresa para ofrecer el servicio de grúas para compañías de seguros, cuyo fin era auxiliar a las personas que se accidentaban y a los carros que se descomponían en las carreteras. Yo me encargaba, como casi siempre, de la parte administrativa, y él hacía de conductor. Salieron varios trabajos y nos estaba empezando a ir bien. Carlos se dio cuenta de eso, y dijo que quería sacarme de la compañía. Alegó que era él quien hacía todo, el que hacía todos los servicios, el que se fregaba, y que yo solo estaba sentada en un escritorio. Además, quería salirse de *United Quality Construction*, porque le generaba impuestos innecesarios. Claro, todo muy conveniente para él: sacarme de la compañía con más trabajos y salirse de la que menos tiene. Yo le dije que no haría eso, que no me saldría de una compañía para la que trabajaba, y que no hacía falta sacarlo de *United*.

Una mañana, estaba duchándome tranquila. Cuando me baño, no utilizo las férulas, por lo que no me sostengo de nada y tengo que agarrarme de las paredes. Es decir, estoy indefensa, es mi momento más vulnerable. Salí de la ducha y Carlos entró al baño. Me agarró por el cabello, me tiró a la cama, desnuda, y me lanzó una lámpara de vidrio que se estrelló contra mi pierna, dejándome pequeños pedazos incrustados. Después me levantó para bajarme por las escaleras hasta el escritorio donde tenía todos mis papeles. Me dijo: "O me haces los papeles para sacarme de *United* o te mato". Hice los dos trámites lo más rápido que pude: mi salida de *Pito's Towing* y su salida de *United*. Eso me hizo recordar en la peligrosa situación en la que estaba y me alertó que debía salir pronto de esa casa. Lo más rápido posible.

Me recuperé de ese evento saliendo a trabajar para lograrlo. Hablé con mi gran amiga Evelyn Zaldaña, hija del pastor de la iglesia cristiana a la que asistía. Dicha iglesia atraía muchísima gente, tenía más de quinientos miembros. Le conté toda mi situación y sobre mi nuevo proyecto, le comenté que sería de gran ayuda que me recomendará con todo el que pudiera. Quien necesitara de techo, yo iba a estar ahí. Ella no dudaba de mi persona y mi reputación de guerrera, y me dio todo su apoyo. También le dije a Mauro que había empezado a hacer *roofing* y que no dejara de recomendarme. Hice unas tarjetas de presentación y las repartí entre todas las personas que pude. También conocí a Ulises Garcia, un muchacho que trabajaba en construcción y que me ayudaría a hacer todas las cosas que yo no podía, cómo medir los techos, por ejemplo.

Ahí comencé a ver los frutos de una reputación intachable. Yo soy confiable, puntual y pulcra con mis trabajos y cuando todo es honesto, los demás lo notan. Es por eso que, cuando me recomendaban, los trabajos no dejaban de llegar. Y así fue. Pronto tuve muchos techos por hacer.

Había llegado el momento de pensar de dónde iba a sacar dinero para hacer tantos techos. Fui a una tienda de proveedores de materiales para *roofing*, donde trabajaba un colombiano llamado Julio Santana, quien resultó ser otro ángel en mi vida. Llevé la lista de materiales que necesitaba y él me ayudó a completarla y mejorarla. Aunque yo había estudiado y averiguado muchas cosas, aún me faltaba mucho por aprender, pues en mi trabajo en construcción me había dedicado más a la parte administrativa y de ventas. Cuando todo estaba organizado, cotizado y listo para pagar, saqué mi chequera. Le dije a Julio que me daba mucha pena porque justo lo estaba conociendo hoy, no tenía dinero, pero necesitaba empezar a trabajar. De nuevo, no sabía si era Dios, el destino, la buena humanidad de ese hombre, o mi cara y mi mirada que decían más que mil palabras, pero Julio aceptó mis cheques en blanco. Me dijo que me llevara las cosas y que no me preocupara. Me estaba confiando unos tres mil dólares en materiales.

Mi amiga Evelyn me dijo que me presentaría a un señor que era dueño del Santa Fe Mall, un centro comercial hispano, para que me ayudara con la promoción de mi empresa. El señor se llama Benjamín Rincón, era muy conocido por tener varios negocios en Atlanta y haber formado parte de la junta de accionistas de Avianca en Colombia. Había abandonado al país por unos problemas de seguridad que tuvo, pero se había instalado muy bien en Estados Unidos con su familia. Ese señor llegó a ser una de las personas que más confió en mí. Cuando lo vi por primera vez, su físico me recordó mucho al de mi abuelo paterno. Apenas me vio, me preguntó qué me había pasado, y le conté toda la historia de mi accidente. Además, le pregunté si era posible que él me rentara un *boot* en el centro comercial. Sin miramientos, me dijo que sí, que no me preocupara. Que me daría uno central, con bastante visibilidad, para que yo pudiese promocionar mis techos. Que no me preocupara por pagar.

Luego me invitó a comer. Hablamos sobre mi accidente con más profundidad. Él tenía una exesposa que trabajaba en una clínica, y le interesaba saber si mi situación tenía cura. Le dije que no, pues una fractura que comprometió la médula espinal de la columna no tiene una cura absoluta. También le conté sobre la situación que estaba pasando en casa con Carlos, sobre cómo el proyecto de los techos me ayudaría a salir de ahí. Le dije que tenía toda la seguridad de que cualquier día Carlos podría matarme. Me atreví, también, a pedirle dinero. Que tan pronto el *roofing* diera frutos, yo se lo repondría. De nuevo, me dijo que no me preocupara por eso. Y él hizo lo más grande que alguien pudo hacer por mí en ese momento: consiguió un apartamento para mí y me dio un crédito. No lo podía creer, por fin tenía un lugar al que ir.

Carlos estaba cada vez más apaciguado porque veía que ya yo no estaba sola. Tenía amigos, compañeros de trabajo. No dudó en insultarme y malinterpretar mi relación con el señor Benjamín, pero yo no tenía que darle ninguna explicación. Además, se había dado cuenta de que mis negocios en el *roofing* estaban floreciendo, entonces quería saber si él podía meterse. Yo no confiaba en él en absoluto, pero como lo vi con ánimos, le dije que sí, que me ayudaba. Le indiqué que iniciara el entrenamiento como vendedor en otra compañía de *roofing* y que me comentara todo lo que aprendiera, sobre todo cómo hacían y cerraban las ventas.

Muy convenientemente comenzó a insistir en que lo metiera de nuevo en la compañía. También trataba de convencerme de que no me fuera de la casa. Yo jugaba todos los días para mantenerlo en la raya. Le decía que sí, que pronto haría el papeleo para insertarlo. Sobre el tema de irme le dije: "vamos a vivir separados un tiempo. Más tarde veremos si compramos una casa entre los dos, para que sea de ambos y ninguno sea el jefe del otro. Pero, por ahora, no podemos vivir juntos porque la convivencia no funcionaba". Que si él quería que las cosas fueran diferentes entre nosotros, él tenía que empezar a comportarse diferente. Con esas tácticas iba alejándome poco a poco.

En esos días, sin ningún aviso previo, llegaron los hombres que trabajaban conmigo instalando los techos. Me ayudarían a mudar mis cosas de casa de Carlos a mi nuevo apartamento. Él no sabía nada, estaba sorprendido. Durante todo el proceso insistía en preguntarme cuándo iba a incorporarlo en la empresa. Cuando todo estuvo casi listo, a punto de irnos, me volvió a preguntar: "cuándo me vas a meter en *United*". Yo lo enfrenté y le dije "de *United* se salió usted solo ¿recuerda? Cuando me lanzó una lámpara de vidrio, me arrastró desnuda por toda la alfombra y escaleras; me obligó a hacer el papeleo, amenazándome que si no lo hacía, usted me mataba. No quería esa compañía porque le generaría impuestos. No. De *United* se salió usted solo". Por supuesto, Carlos me llamó ladrona, me dijo que me había aprovechado de él. Pero Carlos había dejado de ser mi problema, pues mis cosas ya estaban empacadas y mi nueva vida en mi nuevo hogar me esperaba. Lo único que podía entristecerme de dejar a Carlos era que ya no podría ver a sus hijos con frecuencia, eran personas muy amables. Más tarde me reencontré con Anthony, uno de ellos, que también trabaja en la industria del *roofing*.

Esta parte de mi vida me demostró que a lo largo de todo el proceso había formado una constelación de personas hermosas que se alinearon para ayudarme a salir adelante. Me di cuenta de que ellas eran tan importantes como mis ganas de trabajar y perseverar. Regresar a Atlanta representaba un reto: todo estaba en mi contra. Pero mi instinto no había fallado: me confirmó que yo podía contra todo.

TIP PARA EL ÉXITO:

Que tu trabajo y tu reputación
sean tu mejor tarjeta de presentación.

CAPÍTULO VI

UNA BETTY FUERTE

La vida es como una montaña rusa. Llena de subidas y múltiples bajadas. Hay que saber disfrutar cuando se está en lo más alto y estar siempre preparado para la caída.

Betty P.

Hay momentos desfavorables que te dejan grandes lecciones, o que funcionan como señales del destino. Haberme ido a Canadá y haber sufrido el accidente me indicaron que no era propicio para mí empezar de cero en otro país. Un buen emprendedor debe estar alerta de ese instinto que le haga captar las señales, porque le ayudará a tomar la decisión más conveniente.

Yo estaba emocionada o, mejor dicho, me habían emocionado con que Canadá les daba asilo político a los colombianos en ese momento. A mi tía, obviamente, le servía. A mí, no. Yo no tenía vehículo, estaba discapacitada en un país donde eran normales las gruesas capas de nieve, y donde conocía a muy pocas personas. Aunque no hubiese ocurrido el accidente en el *black ice*, igual me daría cuenta de que ese lugar no era para mí.

Lo que sí necesitaba era huir de Carlos, no cabía duda. Más que huir, necesitaba tiempo lejos para pensar las cosas en frío y considerar si podría empezar de cero en otro lado. Cuando él me volvió a escribir, me di cuenta de que, efectivamente, necesitaba un poco de distancia para ver cómo podía desenrollar ese nudo que se había vuelto mi vida. Si Carlos quería que volviéramos, iba a ser bajo mis condiciones.

Por supuesto, no fue fácil pensar en que la única puerta abierta en Atlanta la sostenía la persona que más me ha faltado el respeto y abusado de mí en toda mi vida. Pero, simplemente, no soportaba las otras ciudades. Canadá era muy fría, me recordaba al hielo en el que estuve sumergida en mi primer accidente. Nueva

York era congestionada y sus inviernos hielan hasta el tuétano. Atlanta se había convertido en mi hogar.

Al principio, manejaba mucho en la búsqueda de clientes. Como no había GPS en los primeros años, usaba mapas y ejercitaba al máximo mi memoria retentiva. Luego, llegó el MapQuest y fue más sencillo. Llegué a conocer la ciudad como la palma de mi mano. Los días eran largos, el clima caliente en verano y en invierno, un frío soportable; coincidía con cada rasgo de lo que yo era: una persona de tierra caliente, entusiasta, dispuesta a devorarse el mundo entero.

Sí, había otra ciudad en la cual yo consideraba que las cosas podían funcionar: Miami. Desde niña yo quería ser modelo o actriz. Me gustaba mucho la moda, vestirme bien, maquillarme. Sentía que era la profesión que me apasionaba. Y Miami era un lugar idóneo. Una vez, fui para tantear el terreno. Pensé que podía ir primero a Atlanta, resolver mi embrollo económico y regresar a Miami a cumplir mi sueño. No quería olvidarlo ni dejarlo atrás, sentí que era algo que haría yo por mí misma, por la Betty pequeña y soñadora.

Llegué a Atlanta con mi plan para llevar adelante mi vida con Carlos, y ser lo más inteligente y rápida posible para salir de ahí cuanto antes. Gracias a Dios, nunca estuve en una situación crítica de cero dólares. Yo administraba muy bien mi dinero y recibía *food stamps* del estado, nunca pasé hambre. Carlos me manipulaba cruelmente para pagarle la renta. Me decía que él me estaba haciendo un gran favor, pues más nadie me aceptaría. Entonces yo, para llevar las cosas con calma, le pagaba. Aún tenía un dinero de la limpieza de casas, lo suficiente para subsistir y ver por mis hijos.

Pero yo no quería subsistir, quería vivir. Vivir de mi trabajo. Quería ser capaz de ganar mi propio dinero y construir mi mundo sin él, sin depender de nada ni nadie. Sabía que comenzar en la industria del *roofing* era el primer peldaño de la escalera para alcanzar el éxito. Pero no podía hacerlo sola. Ya había tenido la gran promoción de mi amiga Evelyn y el máximo apoyo de Benjamín Rincón, pero necesitaba un equipo de trabajo para el día a día.

Ya habían salido varios contratos mediante la compañía de seguros para hacer techos. Pero no era fácil estar al día con todo el proceso administrativo de recibir los cheques con el dinero para los materiales, y los cheques que llegan cuando los proyectos están listos. Cuando llegaba el dinero, había que saldar las deudas con Julio, el que me ayudó en la tienda de materiales para *roofing*. Además, necesitaba vendedores. Coloqué anuncios en los periódicos y varios se presentaron para el trabajo, pero no todos son buenos en el mundo de las ventas, y no todos tienen buenas intenciones.

Uno de los vendedores era Nelson Montealegre. Era excelente; tenía una habilidad innata, me ayudó a entrenar a los demás, pero terminó siendo deshonesto. Hubo veces que le dijo a los clientes que hicieran los cheques a su nombre, otras veces les quedaba mal y no cumplía los contratos. Pero era muy bueno haciendo ventas puerta por puerta y ventas al frío. Cuando nos dimos cuenta de las triquiñuelas de Nelson, inmediatamente lo despedimos; lo denuncié e hice un publirreportaje con un periódico local para alertar a la ciudad de que él estaba estafando clientes en nombre de mi compañía. Él y Armando fueron los dos mejores vendedores que tuve en aquel entonces. No había mucha competencia, entonces las ventas explotaron muy rápido. La cartera de clientes aumentó su tamaño exponencialmente. A los tres o cuatro meses, ya tenía muchísimas carpetas de proyectos, que se acumulaban con los cheques que había que cobrar. En una sola semana, podíamos llegar a hacer veinte techos.

No todo era color de rosa. Hubo personas en el área de ventas que fueron deshonestas y, francamente, les faltó inteligencia por haber preferido hacer las cosas mal. En ese momento, cada vez que un vendedor me traía un contrato nuevo, yo le pagaba el 10% de comisión del total del contrato y adelantaba cien dólares. El resto de la comisión se pagaba cuando el proyecto estaba finalizado y el seguro pagaba en su totalidad. Incluso antes de que se verificara el contrato, yo les hacía un avance de esa comisión. Un día, una muchacha llamada Gloria, que pertenecía al grupo de los vendedores, se me acercó porque tenía que decirme la verdad, que no aguantaba la falta de respeto de sus compañeros. Me comentó que José Caballero, uno de los vendedores, reclutó personas nuevas en el equipo de ventas y les dijo que inventaran contratos falsos para que yo les pagara el dinero que correspondía al avance de la comisión. Es decir, los invitaba a ganar cien dólares por un contrato falso. A mí me pareció una malicia torpe: si de un proyecto culminado, del que se cobraba hasta quince mil dólares, ellos se podían llevar un diez por ciento de ese monto final, ¿por qué estarían más pendientes de un contrato falso de cien dólares? Despedí a todas esas personas. Igualmente, las cosas buenas seguían siendo más que las malas.

Un día me llamó Sandra, una amiga de Colombia, a quien había conocido cuando llegué a Estados Unidos. Me preguntó si yo no estaba buscando a alguien para trabajar, pues su hermano necesitaba un empleo. Le dije que me llamara. Cuando Daniel se presentó por primera vez, le señalé que podía ayudar en el área administrativa. Le mostré las carpetas que tenía acumuladas y le ofrecí que le daría una comisión por cada cobro recaudado. Él también trabajaba en una bodega donde no ganaba nada mal, entonces su trabajo conmigo era de medio tiempo.

En esos momentos, yo vivía sola. Estaba totalmente enfocada en mi trabajo. En las noches no dejaba de pensar en lo bien que me iba. Cómo, en tan poco tiempo, las cosas habían empezado a fluir de maravilla. Con esa determinación me sentí como la Betty de antes: la Betty que trabajó desde joven, la que se mudó a Cali, luego a Estados Unidos, siempre dispuesta a salir adelante sin importar qué hubiera que hacer para lograrlo. Y me di cuenta: era la primera vez que estaba sola, sin pareja. En el pasado sentía la necesidad de un acompañante porque no me creía capaz de desarrollar la vida sin una pareja que me esperara en casa. Pero ahora me di cuenta de que no hacía falta, que una pareja nunca debería ser una necesidad.

Sentía una seguridad que se reflejaba en las personas que me veían. Tenía pretendientes que me invitaban a comer, a salir, y yo aceptaba por gusto. No llegaba a pasar más nada con ellos. Después de todo lo que había vivido y la madurez que adquirí con todas esas experiencias, decidí que el asunto de las parejas estaría en pausa en mi vida por un buen tiempo. Al menos, dejaría de buscar. Estaba segura de que, si alguien era para mí, llegaría solo. No hacía falta forzar al destino.

Estar sola me ayudaba a darme cuenta de hasta dónde podía llegar, cuál podía ser mi máximo potencial. Había cosas que ya sabía, pero ese tiempo ayudó a consolidarlas: tenía muchas responsabilidades, y quería cumplir con todos los que me habían ayudado a llegar a donde estaba ahora, entonces tenía que trabajar para lograrlo. Y lo estaba haciendo.

A pesar de que nuestra relación era laboral, Daniel y yo comenzamos a forjar una amistad. En octubre de 2009, hicimos una fiesta de Halloween en la oficina, y él fue con su exmujer, Mónica, con quien compartía un hijo y estaba en proceso de divorcio. Más tarde, me enteré de que Daniel estaba saliendo con otra muchacha llamada Kelly. Otro día, Daniel, que en ese entonces tenía veintitrés años, entró a mi oficina porque necesitaba un consejo. Me dijo que no sabía qué hacer: si volver con su exmujer o quedarse con la novia que tenía en ese momento. Yo le dije que si podía volver con la madre de su hijo, mejor, pues por los hijos uno debe hacer lo que sea. No sabía la cantidad de problemas que tenía con Mónica, que acosaba a Daniel y trataba mal a las parejas que él conseguía. Eso lo ponía muy triste porque le hacía difícil poder ver a su propio hijo.

Para noviembre, en *Thanksgiving*, la noche de acción de gracias, Daniel me dijo que viajaría a Nueva York y a Canadá, y necesitaría unos días libres. Le pregunté por curiosidad a qué parte de Canadá viajaría y me contestó que a Mississauga. Me pareció muy conveniente porque mi tía llevaba tiempo, más o menos un año, diciéndome que fuera a visitarla. Le pregunté con quién viajaría, pensando que iría Mónica, pero iba a ir con su sobrino. Le dije que yo podía llevar a mis hijos, rentábamos un carro e íbamos todos juntos. Y así fue.

Yo conocía a Daniel desde que él tenía dieciséis años, era hermano de mi amiga Sandra. Lo consideraba un compañero de trabajo, un amigo. Y fue así como nos embarcamos en el viaje. Fue muy atento conmigo. Cada vez que nos bajábamos del carro, él se encargaba de abrirme la puerta. Hablábamos y nos reíamos mucho, durante gran parte del viaje nos contamos historias y echamos chistes. Había algo muy espontáneo en él.

Ya en Canadá, él iba a verse con su hermana y yo con mi tía. Le pedí que me dejara ahí porque quería descansar. Durante esos días no iba a querer salir ni manejar, estaría con mi tía. Le dije que se llevara el carro que habíamos rentado.

Al día siguiente, me llamó preguntándome si quería salir y hacer algo con él y su familia, que me pasaría buscando. La actitud espontánea de Daniel me entusiasmaba mucho, entonces le dije que sí, y todos los días comenzamos a salir. Él era una persona muy joven, dispuesta a hacerme reír y estaba pendiente para que la pasara bien. Empezó a quitarme todas las durezas que había formado en los últimos años, alimentadas de las malas experiencias y los maltratos que había sufrido. Cada vez que me reía con Daniel, tenía esperanzas de poder volver a sentir cosas hermosas, como si fuera la primera vez.

El cuarto día en Canadá, Daniel no me llamó. Había llegado el mediodía y no sabía nada de él. Después de esos días de estar saliendo juntos continuamente, sentí un vacío. Me preguntaba a mí misma qué me pasaba. La verdad era que tenía miedo de volver a enamorarme, pero Daniel me empezó a gustar, y era un cariño diferente al que había sentido antes. Más tarde, ese día, mi tía me llamó diciéndome que ya estaba camino a casa, que alguien la había pasado a buscar. Le pasó el teléfono a ese alguien que resultó ser Daniel. Había ido a buscar a mi tía a su trabajo porque necesitaba una excusa para llegar a nuestra casa a verme, porque ya no tenía ninguna y le daba mucha pena.

Poco a poco la relación con Daniel se hizo cada vez más cercana hasta que los dos nos dimos cuenta de lo mucho que nos gustábamos. Formábamos una buena pareja. Mi amiga Doris, que lo conoció en Nueva York, se había fijado en lo atento que era conmigo, y dijo que él era el hombre que yo necesitaba. No creía que Daniel era el hombre que yo necesitaba, pero sí el que yo quería a mi lado. Era un compañero excepcional. Trabajaba mucho, disfrutaba hacerlo tanto como yo.

En 2009, cuando estábamos en Nueva York, yo estaba tan contenta y pasándola tan bien, que le pedí que nos quedáramos unos días más. Pero él no avisó a tiempo a su otro trabajo y lo despidieron. Me dio mucha pena, pues pensé que había sido por mi culpa, y lo invité a trabajar conmigo vendiendo techos.

Él aceptó y comenzamos a trabajar tiempo completo juntos. Cuando regresamos a la oficina, un señor que trabajaba conmigo como *controller*, Mauricio, se me acercó y me dijo que me veía diferente. Que me reía más, que mi semblante estaba distinto. Que algo había pasado en ese viaje que cambió todas mis energías. No había manera de ocultar mi atracción por Daniel. Él sonrió y me dijo que le alegraba, qué bien que a mi vida llegara una persona que me apoyara con todo y me hiciera tan feliz.

Sin embargo, esa reacción no fue general. Mi madre y mi padre conocieron a Daniel como un compañero de trabajo, pero no como mi pareja. Cuando notaron que pasaba más tiempo seguido con él, no tardaron en señalarme que la diferencia de edad era notoria entre los dos. Yo nunca la noté en ese tiempo, hasta que vi nuestras fotos años después, pero nunca fue algo significativo en nuestra relación. En enero de 2010, viajamos a Colombia y mi madre notó que lo nuestro era más que una relación de trabajo. Pensó que yo ahora sí me había vuelto loca, cómo iba a estar con alguien tan menor. La familia de Daniel estaba preocupada de que yo fuera una carga para él, porque tenía dos hijos. Me miraban como una mujer mayor, que había pasado por divorcios. Incluso Carlos, que solía perseguirme, me dijo que yo estaba loca, que ese muchacho podía ser mi hijo. Yo le contesté que prefería estar con Daniel toda la vida, antes de estar con alguien tan malvado como él, que obviamente no podía ser mi hijo porque solo nos llevábamos 8 años. Ahí dejó de buscarme.

Daniel llegó a mi apartamento una noche para decirme que quería formalizar su relación conmigo. Quería que fuésemos novios. Ni él tenía que esconderlo, ni yo tampoco, pues ambos estábamos solteros. Pero Daniel aún sentía la presión por parte de su familia, y ambos recibíamos la de Mónica, su exmujer. Ella no esperaba para abordarme y decirme inválida, vieja, cucha. Yo no permitía que ella me faltara el respeto, y se lo hacía saber. Pero ella seguía, y eso afectaba mucho a Daniel. Un día, se fue del estado con su hijo y no le permitió verlo.

Comencé a ver que Daniel, en realidad, estaba en una posición muy complicada. No sabía qué hacer y me lo confesó. Yo le dije la pura verdad: él me gustaba, mucho. Y sí estaba dispuesta a seguir con la relación y formalizarnos. Pero en las relaciones las dos partes deben estar igual de seguras. Daniel no había cerrado su ciclo con Mónica y tenía que aclarar las cosas con su familia. O aprender que en su relación ninguna opinión debería influir.

No pude evitar sentirme mal. Pensé que, de nuevo, me había equivocado yo. Había escogido una persona que no era tan maduro como yo pensaba, que no estaba estabilizada. Me puse a pensar preguntándome por qué no existía la relación perfecta o la vida perfecta. Quería que Daniel solucionara sus problemas para poder estar juntos, pero si algo había aprendido a lo largo de mi vida es que no puedes forzar el destino; mucho menos, los procesos personales de los demás.

Decidí que la mejor opción sería darnos un tiempo. Yo necesitaba tiempo y espacio, por lo que viajé a Colombia. Dejé a Valentina con su padre y fui a mi tierra natal a hacer un curso de *marketing* para mantener mi mente distraída. Había comprado un pasaje de ida, pero no de retorno. A los ocho días, Daniel me llamó para decirme que me extrañaba mucho, y que había tenido tiempo para pensar sobre nuestra relación. Estaba dispuesto a seguir adelante conmigo. Yo le dije que estaba de acuerdo, pero me tardaría unas semanas más en regresar porque tenía que terminar mi curso.

El tiempo y el espacio funcionaron como un remedio para los dos. Cuando regresé a Atlanta, me encontré con un Daniel distinto. Laboralmente más comprometido, y listo para impulsar nuestra relación. Me insistía mucho en que nos casáramos. Yo, que tenía experiencia en esa área, le dije que aún no, que nos diéramos un tiempo para conocernos mejor. Así estábamos bien y debíamos dejar que todo fluyera. Estábamos completamente enamorados, y sentía que era la decisión correcta, mi corazón me lo indicaba. El 29 de julio de 2011 nos casamos y no podíamos estar más felices.

Daniela pequeña.

Daniel sabía que yo era una persona muy comprometida con mi trabajo, y que iba a seguir con mi negocio sin importar lo que pasara. Afortunadamente, él es una persona tan trabajadora como yo. Formábamos un equipo increíble. Él tenía dones en la parte comercial, yo manejaba la parte administrativa. Muchos nos preguntaron cómo, siendo esposos, lográbamos trabajar juntos. Lo que tienen en común nuestras relaciones laboral y marital es que ambas tienen como base el respeto. Respeto por lo que hace uno, respeto por lo que hace el otro.

No hay parejas perfectas. Daniel y yo peleábamos por cosas de matrimonios. Pero sabíamos que nosotros éramos más que nuestras discusiones. Eran ocasionales, pasajeras, porque teníamos un vínculo que iba más allá del día a día. En la oficina, yo respetaba lo que él hacía y él, respetaba lo mío. Le tenía mucha confianza porque sabía el gran trabajador que era. Ahí aprendí que las relaciones perfectas no existen, se construyen y se trabajan, y las herramientas son el respeto y la admiración.

Daniel quería que él y yo tuviésemos un hijo. Yo sabía cómo sufría él por el hijo que tenía con Mónica, por no poder verlo y por la actitud de ella. Él me decía lo mucho que me amaba, y todo lo que significaría para él tener un hijo conmigo. Yo tenía mucho miedo porque no sabía si mi condición física aguantaría un embarazo. Pero sabía que mi amor por Daniel, sí. Me quité el dispositivo y me coloqué una inyección que me ayudaría a planificar el embarazo.

En mayo de 2015, ya estaba embarazada y a punto de tener a mi hija. Los ocho primeros meses fueron llevaderos, pero el último fue duro, pues el peso no me permitía estar parada. sin embargo salí adelante. Tuve a Danielita, nuestra hermosa hijita, por parto natural, sin anestesia. Los doctores no me pudieron poner la epidural porque en ese mismo lugar tenía las barras de titanio. Sentí mucho dolor al tener a mi hija pero no se compara con el que sentí cuando me accidenté. Todos estábamos a la expectativa de cómo saldría mi parto. En la sala de espera estaba toda mi familia y la de Daniel, llena de gente dispuesta a ver a mi hija en este mundo.

Estaré eternamente agradecida con Dios por haberme permitido tener a Danielita. Yo amo a todos mis hijos por igual. Los dos mayores vivieron conmigo dos etapas muy distintas de mi vida, y Danielita viviría una nueva. Era una etapa de planificación mediante el amor y el respeto. Daniel fue (y es) un papá ejemplar, trabajador, presente, activo. Ha cuidado de mí y de mis hijos como nadie.

En 2009, me di cuenta de que no podía irme a Miami, entonces dejé de lado esa oportunidad. Dios quería mi vida en Atlanta y yo no podía estar más de acuerdo. Aunque al principio me parecía imposible. El accidente que había dejado mis dos piernas inmovilizadas, la falta de trabajo, los traumas con Carlos cuando arremetió contra mi vida y se encargó de casi destruirla. Me veía en ese momento con Daniel, Valentina, Ricardo y Danielita a mi lado, y vi la importancia de mantener una mente positiva y, más importante aún, nunca dejar que te falten el respeto, te desprecien o te subestimen.

Uno saca lo bueno y lo malo de las experiencias. Lo bueno, para disfrutarlo; lo malo, para que no se repita. De las experiencias se adquiere mucha madurez, te enseñan que lo que importa no son las veces que te caes, sino aquellas veces que te levantas con más inteligencia. En eso consiste la inteligencia humana, en estar en constante aprendizaje y desarrollo.

Mi madurez me permitió encontrar a una persona que me acompaña con los mismos objetivos. Daniel y yo tenemos metas afines. Nos gusta vivir bien, comer bien, vestirnos bien, pasarla bien y, sobre todo, soñar juntos. Y sabemos que trabajamos muy duro para lograrlo, pero el disfrute final vale la pena. Roque Barrios, padre de Evelyn y pastor de la iglesia a la que asistía me dijo algo muy sabio: tú y Daniel se complementan, porque tú eres visionaria y él es el hacedor. Eso me enseñó que las parejas no te completan, porque un individuo está completo y es independiente, pero sí te acompañan y pueden impulsarte a ser tu mejor versión.

Si no hubiera enfrentado mis miedos hoy no pudiera disfrutar de la vida que tengo.

Valentina con Victoria, mi nieta.

Ricardo con 17 años.

Tip para el éxito:

No olvidar que lo más importante de una empresa es la planificación, ejecución, atención de los objetivos, metas, estrategias y una buena gestión.

CAPÍTULO VII

LO QUE NO SABES DE BETTY

El éxito es una disciplina.

Betty P.

Cuando vemos a una persona en silla de ruedas, no es fácil imaginarnos su día a día. Podemos hacernos una idea, pero dejamos por fuera muchos detalles, pues estamos acostumbrados al completo funcionamiento de nuestro cuerpo. A lo largo de los años he progresado mucho en mi regreso a la vida normal, pero no ha sido fácil ni lineal, he pasado de la silla a la caminadora, de ella a dos bastones, hasta llegar a donde estoy hoy: uso un solo bastón. He avanzado un gran trayecto, pero no he vuelto a caminar normalmente. A veces pierdo el equilibrio, por ejemplo, cuando volteo el cuerpo muy rápido. Pero he aprendido a vivir con eso, incluso sé cuál es la mejor manera de caer cuando eso pasa, he logrado que sean caídas inofensivas.

Algo que nunca recuperé fue el control del esfínter. Hasta hoy, debo usar una manguera llamada catéter para poder orinar, y deberé usarla de por vida. Así como se crean hábitos en la vida normal, esta condición te lleva a buscar la mejor manera de adaptarte al día a día.

Todo esto se ha tratado de aprender a vivir con mi nuevo cuerpo, y a amarlo, porque sigue siendo mío. Pero no es fácil. Sobre todo, cuando es el mismo cuerpo el que produce las frustraciones. Así como no controlo las ganas de orinar, lo mismo ocurre con las de defecar. Las siento, pero tengo muy poco control sobre ellas. Cuando tengo diarreas, son los peores días, los más vergonzosos. Es incontrolable, me levanto y se sale. Cuando estoy en público, me muero de vergüenza y de pena. Es lo más desagradable que he podido pasar. Constantemente, debo realizarme colonoscopias debido al historial de cáncer de colon en mi familia, y para ese examen me recetan sueros que limpian el intestino. El día que los tomo suele ser de los peores días de mi vida, puedo pasarlo entero entre la cama y el baño, caminando con sumo cuidado, evitando que cualquier cosa se riegue.

Entonces, una de las cosas que hace que esas situaciones sean fáciles es Daniel. Nunca me termina de sorprender la atención que tiene hacia mí. Siento que comparto con él el mismo cuidado que yo tengo con mi propio cuerpo. Cuando tengo que buscar un baño y estar pendiente de su ubicación, noto que él está haciendo lo mismo, preocupado al mismo nivel que yo. Cuando tuve un accidente en una playa en México, me abrazó, buscó ropa de cambio y, lo más importante de todo, me dijo que no me preocupara, que él siempre me amaría tal y como yo era. Tener una pareja en la que puedo confiar y que me llene de amor incluso en las peores situaciones, ha sido lo que más me ha ayudado en todo este tránsito de los últimos años. Recuerdo el primer susto de mi madre cuando supo que estaba saliendo con Daniel. Ella pensaba que yo seguía equivocándome al juntarme con alguien más joven que yo. Ahora ella, el resto de mi familia y todos mis amigos, coinciden en que él es el hombre con el que debo quedarme.

Aunque es complicado hacer mi vida sola, tengo cierta independencia. Sin embargo, no dejo de preguntarme cómo serán las cosas cuando sea una persona mayor, quién me ayudará. En ese momento, me reconforta saber que podré tener un compañero como Daniel. Saber que no estaré sola y que siempre tendré su apoyo en las peores situaciones. Saco esos pensamientos de mi cabeza y pongo mi destino en las manos de Dios. Además, quién sabe qué cosas avanzarán en el campo de la ciencia que puedan ayudar a mi condición. En estas situaciones, una mente positiva es la clave, pues evita que uno mismo se cree obstáculos.

Con mi condición y el paso del tiempo, las mañanas dejan de ser fáciles. Hoy en día, con mis cuarenta y cuatro años, no despierto de la misma manera como lo hacía cuando era más joven. Los días de levantarse a las cinco de la mañana, tomarme mis jugos verdes, ir a hacer ejercicio y luego ir a trabajar ya quedaron atrás. El cuerpo va cansándose, es un proceso natural. Pero no dejo de hacer mi rutina con la que recargo las energías para el resto del día. Despertar y encontrar el café y el vaso con agua que Daniel me lleva a la cama, revisar las cuentas del banco y los correos electrónicos desde mi celular, y prepararme mentalmente para empezar un nuevo día. Esos veinte minutos de meditación en la mañana son mi motivación para alcanzar mi bastón y continuar con mi vida.

Para levantarme, al inicio, debo apoyarme en las paredes porque los músculos están fríos. El proceso de recuperación me hizo notar que algunos de ellos, los que se encuentran por debajo de la cintura, no reaccionaban. Los cuádriceps, que son los músculos de adelante, sí, pero los de atrás, los isquiotibiales, están muy debilitados. Un solo glúteo funciona. Es por esto que cargar el peso de mi cuerpo se me hace más difícil, y tuve que aprender a mantener el equilibrio y aguantarme con los músculos del estómago. Lo ejercitaba tanto que, si ganaba peso, las otras partes de mi cuerpo engordaban exceptuando el abdomen.

Diariamente hago trabajos de aceptación para comprender que, si bien he recuperado muchísimas capacidades, no todo volverá a ser como antes. Todo el camino recorrido ha sido increíble y ha desafiado las expectativas de todos, incluyendo las de los doctores, pero ahora mi condición física representa nuevos retos. A partir de esto, aprendo todos los días a vivir con ella y con esa realidad que construyo con mi nuevo cuerpo.

Las personas no han dejado de llamarme *workaholic*. Sí, lo soy, pero no propiamente por adicción. Realmente me gusta trabajar porque implica ponerme retos personales y cumplirlos. Los retos van creciendo de menor a mayor. Comencé con querer crear mi propia compañía, pasé por documentarme e informarme sobre cómo superarme (obteniendo información sobre certificaciones que pueden legitimar más nuestra empresa) hasta llegar a ser miembros en cámaras como la *Hispanic Construction Association* en Georgia, una cámara dedicada a los constructores hispanos. Ganar premios en 2020, para nuestras dos empresas como *Supplier of the year* con *BRS Roofing Supply* y Embajadora del año en *ECG Contractors* fue una gran victoria para mí y las compañías. Además, por tres años consecutivos de 2018 a 2020, me otorgaron el premio de *Best of Gwinnett*.

Mi pasión por mi propio negocio ha sido tener la capacidad de crear procesos y delegárselos a otras personas: poder tener organización y supervisión. Revisar que todo el equipo esté haciendo su trabajo. El gran recurso de una empresa es su equipo humano, por lo que es importante mantenerlo motivado. Crear un equipo consiste en mantener exigencias en las relaciones laborales: entender que cada uno está aquí para hacer su trabajo. Podré tener amistades con mis empleados, pero son dos relaciones que se separan, la personal y la laboral. Otro elemento importante es ser una figura modelo para todos. Que los demás vean en ti el respeto que quieres transmitir. Cuando tuve problemas de robos en mi compañía, le decía a Daniel: "no es culpa de ellos que hayan robado, es culpa nuestra que no hayamos estado pendientes". Hay que tener presencia, hacerles saber mediante acciones que uno supervisa y mantiene el control de todo, respetando siempre los límites de los demás.

Esos lineamientos que mantengo como empresaria los mantengo también en mi vida privada. Daniel y yo somos un equipo de trabajo, él en ventas y yo en administración. En horario laboral respetamos un organigrama donde yo soy la cabeza de la compañía y tomo las decisiones, respetando al mismo tiempo su posición como director de operaciones. Mantenemos los temas del trabajo en la oficina y no los llevamos a casa, así como no llevamos nuestros problemas como esposos al trabajo.

También he querido ser el mejor modelo que mis hijos puedan tener, que miren hacia mí y todo lo que he logrado. Ellos, sobre todo los mayores, como Valentina y Ricardo, me han visto superar mis más grandes miedos. Quiero enseñarles que la vida no es color de rosa, que es una montaña rusa que sube, es emocionante y divertida, pero que también baja y hay que estar preparado para poder afrontar todos los obstáculos. Si yo pude superar todas las tragedias que se me han cruzado, ellos deben ser capaces de superar todo lo que quieran.

La clave del éxito es el compromiso de dar lo máximo de ti en todo lo que hagas, el cien por ciento de tu pasión. Hay que mostrar mucho liderazgo personal, saber que puedes tomar las riendas de tu vida en cualquier momento y lograr tus objetivos. Cuando trabajaba en Colombia era empleada y no dueña de una empresa, pero aun así me propuse ser la mejor y dar siempre más de lo que me pedían. Por eso, cuando llegué a Estados Unidos estaba segura de que lo lograría, pues ya tenía esa seguridad de que cualquier cosa que me propusiera la iba a alcanzar trabajando duro. Ese es el legado que quiero dejarle a mis hijos, nietos y al resto de mi descendencia: cuando vences tus miedos y crees en ti mismo, puedes alcanzar lo que sea. No se puede tener miedo de fallar, porque puede pasar. Lo importante es ser lo suficientemente valiente para recuperarse, pues no importan las veces que te caigas, sino las que te levantes con más inteligencia. Cada error representa un nuevo aprendizaje.

Me asombro cada vez que me topo con personas que tienen grandes oportunidades y no las aprovechan. Cuando algunos vendedores de mi compañía de *roofing* decidieron estafarme trayendo contratos falsos para que yo les pagara su comisión, me sorprendía su falta de humanidad. Eran jóvenes e incluso hablaban mejor inglés que yo. Tenían la oportunidad de ganar un diez por ciento del precio total de un proyecto (que podía representar mil dólares o más para ellos), pero preferían cien dólares a hacer su trabajo bien. Era horrible pensar que estaban estafando a una persona discapacitada, y que tomaban los caminos de la ilegalidad por algo que no valía la pena. Era como si tuviesen insertado un chip de mediocridad que no les permitía ver más allá.

Yo siempre me he decidido por la honestidad y el compromiso. Estoy orgullosa de poder decir que les he cumplido a todas las personas que han confiado en mí. Julio Santana, el trabajador de la tienda de *supplies* para *roofing*, aún recuerda cuando yo llegaba a su local con mis cheques en blanco, prometiéndole que en cuanto tuviese dinero le pagaría todo. Hoy nos reímos de eso, y él me admira por todo lo que he crecido, y yo le agradezco toda la confianza y fe que puso en mí. Evelyn Zaldana que me refirió a todos sus contactos y me llevó a conocer ángeles en mi vida como Benjamín Rincón Senior, que siempre creyó en mí y a quien nunca le iba a quedar mal. Toda mi vida le quedaré eternamente agradecida de todo lo que hizo. No cualquier persona te presta grandes sumas de dinero. Doris Moreno fue y ha sido una amiga incondicional, me abrió las puertas de su casa y de su familia. Este tipo de agradecimientos es otro fruto de mi trabajo: la confianza y la admiración por los demás. Por eso siempre trabajé duramente para no defraudar esa confianza que habían depositado en mí. Pienso que una siempre tiene que dejar puertas abiertas y corresponder de la mejor forma posible cuando te han ayudado sin pedir nada a cambio.

El éxito no viene de la noche a la mañana, se construye poco a poco, día tras día. Vivimos en una era donde hay mucha información disponible y a la mano, a un clic de distancia. Antes no tenía los asesores que tengo ahora, por lo que tenía que dedicarme a hacer largas sesiones de estudio y de investigación sobre marcas, certificaciones y cualquier información que pudiese nutrir a mi compañía. Cuando llegué a Estados Unidos, no tuve la oportunidad de seguir estudiando, por lo que tuve que formarme yo misma a partir de mis experiencias y mis investigaciones que tenían el objetivo de siempre mantenerme actualizada.

En la silla de ruedas, el cambio también era gradual y tenía que ser impulsado por mí misma. Si me hubiese quedado acostada en la cama, esperando a que Dios hiciera algo por mí, no estaría donde estoy ahora. Más bien siento que Dios me ha dado todas estas oportunidades porque vio el esfuerzo que hice para salir de esa situación. Yo iba al gimnasio todo el tiempo, cada vez que podía. O tenía ropa deportiva puesta todo el día, o la tenía guardada en un bolso en el carro cuando salía. Ni siquiera dentro de toda la violencia que viví con Carlos me detuve en mi recuperación, porque no iba a dejar que un abusador como él se interpusiera en el camino de mis sueños. Yo no iba a ser una marioneta manipulada por él.

Algo en mi ADN me ha asegurado toda mi vida que el cambio lo propiciamos nosotros mismos. Y nunca he tenido problema con eso. Siempre he estado en pro de cambiar para estar mejor, de evolucionar. Eso implica mucho trabajo, pero me encanta la sensación de lograrlo, sobre todo cuando trae muchos frutos. No es fácil porque la vida trae situaciones que nos hacen sentir que el cambio no es posible, que el daño es irreversible. Esa es otra lección: hay que saber lidiar con los momentos tristes, frustrantes, molestos; encontrar la manera de dominar aquellos sentimientos que nos hagan pensar que las cosas son imposibles, no dejarse ganar la batalla. La mente puede ser tu peor enemiga porque, a veces, de forma consciente y, otras veces, de manera inconsciente, puede colocarse sus propios obstáculos.

Muchas veces pienso que la mejor medicina es una mente ocupada. Con la cuarentena y el aislamiento provocado por el coronavirus, me he dado cuenta de cómo las personas se frustran rápidamente cuando se encuentran sin nada que hacer. Mi madre me había contado que un familiar estaba muy triste porque no podía salir de su casa. Yo le sugerí que leyera, que hiciera un rompecabezas, ejercicios en su apartamento, que viera películas o series, que pensara en proyectos nuevos. La mente desocupada nos deprime y nos aleja de una perspectiva positiva.

Yo no pienso en el fracaso. Ya sabemos que la vida no es perfecta y está llena de momentos desagradables, pero a la hora de proyectarnos en el futuro, no podemos estar predispuestos a escenarios negativos. Cuando estaba accidentada, no podía ni siquiera mover mis brazos. Solo podía manejar el botón que me administraba la morfina. Aun así, nunca pensé que ese estado sería definitivo. Lo mismo pensé en la silla de ruedas, con el caminador, con los bastones. Nada es tan definitivo, siempre tendrás la opción del cambio y el progreso, y eso es lo que debes visualizar.

La motivación puede surgir de pequeños y grandes detalles. En mi recuperación, me daba cuenta cada vez que ganaba un poco más de independencia. Comencé a ir a lugares yo sola, cuando antes tenían que acompañarme mis hijos. Cada vez que caminaba mejor, que podía sostenerme con más equilibrio, iba recuperando mi vida personal y profesional. Cada vez que subía un peldaño en la escalera que era ese progreso, festejaba que cada vez estaba mejor, que yo misma estaba trabajando en mi recuperación y que lo que visualizaba a corto plazo se cumplía si me esforzaba lo suficiente.

El nacimiento de Danielita fue la cumbre. La primera pregunta que le hice al doctor luego de que me dijera que me quedaría en silla de ruedas para siempre fue "¿podré tener hijos?". Sin saberlo me había planteado un reto que muchos años después lograría. Además de sellar el amor que sentía por Daniel y fortalecer nuestra relación, haber tenido a esa niña con el cuerpo por el que tanto había luchado significó un triunfo. Mi vida, a pesar de todo lo que me había pasado, era normal. Todo era posible.

Desde que tuve el accidente siempre tuve ganas de hacer todo por mi cuenta sin pedirle ayuda a nadie. Siempre intenté hacer las cosas primero yo, si veía que no podía, pedía ayuda. Pero para mí era muy importante tratar de alcanzar mi independencia. Con excepción de algunas cosas, hoy en día puedo cuidarme a mí misma. Por eso Daniel dice que es mi fan número uno. Mi papá me decía que yo lo hacía sentir como si él no hubiese hecho nada en la vida. Mi hija mayor, Valentina, dice que no me ve como una persona con discapacidad , que para ella su mamá es una mujer normal. Ahí me di cuenta: tal vez Dios me puso todos estos retos como un propósito en mi vida para superarlos e inspirar a las personas.

Profesional y personalmente nunca se debe estar conforme. El mundo cambia día a día. Si yo me hubiese quedado con la primera información que obtuve sobre el *roofing* hace doce años, no estaría en esta posición. Muchas veces, las personas se limitan o se estancan en una zona de confort de la cual les cuesta mucho salir. Hay que aprender a reconocer nuestro valor: a vendernos y mostrar lo que somos, lo que podemos lograr.

Hoy en día promuevo mi marca personal como figura inspiracional transformando vidas con mi testimonio y como pionera hispana en la industria del *roofing* en el estado de Georgia. Hasta hace pocos años, un escaso número de mujeres se encontraban en la industria de la construcción, pero ese número se encuentra en aumento. Para 2015, la competencia de compañías de techos se había disparado, por lo que decidimos ofrecer la venta de *supplies*. Más tarde, me di cuenta de que muchos constructores no sabían nada sobre reparación de techos: ni cómo medir correctamente o cómo hacer una lista de materiales. Ahí se me ocurrió la idea de dictar talleres y clases que certificaran a los contratistas de *roofing* como reparadores de techos.

Actualmente, no dejó de recoger los frutos de tanto trabajo y tanto esfuerzo. Espero ganar para 2022, el premio de Latina del año en Georgia. Hace no mucho me enteré que estoy nominada a una premiación titulada *Over Forty and Fabulous*, una premiación dedicada a personas influyentes mayores de cuarenta años en Atlanta. Lo que más me sorprendió fue que era la única latina nominada. Muchos amigos me contactaron para decirme que ya habían votado por mí, y que nadie merecía ganar ese premio tanto como yo. Además, no pierdo la esperanza de tener la oportunidad de estar entre las cincuenta poderosas de *People* en español.

Muchas veces el éxito está más cerca de lo que creemos. La mente del ser humano es muy buena creando cercos que no nos dejan avanzar. Nos llenamos de inseguridades, prejuicios y perspectivas negativas que opacan nuestro verdadero potencial. Todos los días deberíamos esforzarnos en ser la mejor versión de nosotros mismos. Yo me levanto con la iniciativa de tratar de ser mejor trabajadora, madre, hija y esposa, porque siempre hay aspectos que podemos mejorar. El cambio es la puerta a muchas nuevas oportunidades, y no podemos mantenerla cerrada.

Un proyecto no necesariamente es una empresa nueva: es todo aquello que siempre has querido hacer, pero tienes miedo de intentarlo, o piensas que si lo intentas, fallarás. Visualizarse y proyectarse han sido dos de las herramientas más importantes en mi proceso de recuperación, porque son las que te ayudan a creer que todo es posible, que las cosas pueden ser diferentes. Que no importa que tan terrible sea la situación, siempre hay una pequeña luz de esperanza.

En la mitología del antiguo Egipto, el ave fénix representaba al sol, que muere por la noche y renace por la mañana. También está relacionado con la esperanza, un valor que nunca debe morir en nosotros, los seres humanos. Renacer implica volver a iniciar desde cero, crecer, evolucionar, conocer, equivocarte y morir, para empezar un nuevo ciclo: como el ave fénix que resurge de sus cenizas en todo su esplendor. Así me siento yo, renaciendo de mis cenizas. El accidente que cambió mi vida para siempre, la experiencia de vivir con Carlos casi dos años sufriendo los peores momentos de violencia psicológica y física que nunca en mi vida había tenido, me hicieron sentir muerta en vida. Por eso decidí hacerme un tatuaje de esta ave mítica exactamente en la cicatriz que dejó mi fractura. Nunca fui muy amiga de los tatuajes, pero, para mí, esa imagen en mi espalda es el símbolo que mejor representa mi superación.

Tatuaje de Betty Palomino representado el ave fénix.

Ese es el legado que quiero dejarle a mis hijos, nietos, familiares, amigos y colegas. Quiero ser inspiración y compartirle al mundo que con una mentalidad fuerte es posible superar cualquier obstáculo y aquellos que nos doblega. La vida viene con subidas y bajadas, unas más bruscas que otras, desafíos mentales y físicos que nos ponen a prueba y pueden hacernos dudar de nosotros mismos. Pero la verdad es que no hay límites, solo aquellos que nos ponga nuestra mente.

Persevera, lucha, sueña, levántate, ocúpate y todo será posible. No importa qué tan difícil sea, cada día recuérdate a ti mismo: eres invencible e imparable.

Hoy te puedo decir, con toda seguridad, que la silla de ruedas no impidió mis sueños de ser exitosa, de tener una vida plena y feliz. De tener todo lo que había deseado. Lo esencial es la aceptación y el amor propio. Yo siento que caminar con mi bastón, que se ha convertido en mi espada, es lo que me hace sentir poderosa como los grandes gladiadores o guerreros

Este trágico suceso, al que alguna vez llamé tragedia, donde me dijeron que no volvería a caminar nunca más, y aquí estoy, he cambiado de país tres veces, escapándome del maltrato y rehaciendo mi vida; adaptándome a nuevas culturas, costumbres e idiomas y aquí estoy. He levantado varios negocios siendo madre, empezando de la nada hasta ser referente en un sector repleto de hombres, y aquí estoy.

TIP PARA EL ÉXITO:

El poder de la visualización es más fuerte que cualquier contratiempo.

Hoy por hoy la tenacidad, las ganas de vivir, mis hijos y mis padres me llevaron a levantarme y no solamente a caminar físicamente sino a caminar en los sueños, suena fácil, pero quiero decirles que no lo fue. Yo alguna ve estuve pensando que iba a hacer con mi vida sin ningún motivo para celebrar, con una realidad que me golpeaba, que me tocaba las puertas todos los días. Tras estos momentos duros, mi espíritu se desarrolló cual ave fénix, permitiéndome renacer entre las cenizas. Les comento del método fénix para que tú también puedas lograr lo que te propongas. Consiste en un acrónimo con cinco factores:

1. Felicidad
2. Éxito
3. No negociables los límites
4. Inspiración, Ideación e Implementación
5. X : Factor X.

Factor 1
Felicidad: la felicidad como una actitud.

La felicidad se alcanza cuando lo que uno piensa, lo que uno dice y lo que uno hace están en armonía.

Mahatma Gandhi

Recordemos que es la manera de vivir que se elige.

La felicidad es una actitud que se puede aprender y entrenar. Que no depende de mi entorno, ni de lo que tengo o de lo que me pasa, depende más de cómo gestiono yo todo eso.

Además la felicidad es individual, cada persona posee el secreto de su propia felicidad, no a todos nos hace feliz lo mismo. No consiste en obtener cosas o cosechar éxitos, es decir, no es la meta lo que me hace feliz, es el camino.

Factor 2
Éxito: cuál es tu propio éxito. ¿Qué significa para ti?
Alcanzar el éxito. Tener éxito. Ser una persona con éxito. Son expresiones que se escuchan a diario, aunque no para todos tienen el mismo significado, pues la sensación de éxito es siempre abstracta.

El éxito para cada uno de nosotros puede ser:
"Seguir adelante sin importar las dificultades y adversidades, el esfuerzo diario convierte lo soñado en realidad. La satisfacción que uno siente al conseguir lo que nos proponemos nos mueve a hacer cosas grandes".

"Intentar superar todos los problemas día a día"
"Encontrar la manera de poder alcanzar el objetivo deseado"

"Vencerse a uno mismo"

"Acostarse con la sensación de haber dado lo mejor de sí mismo"

"Sentirnos orgullosos de todo lo que hacemos, sentirnos bien con nosotros mismos y levantarnos cada día con más fuerza".

Factor 3

No negociables: límites que no estás dispuesto a renunciar.

Hablamos de "límites no negociables" refiriéndonos a esas decisiones que tomamos libremente para defender nuestros valores, principios, prioridades, objetivos y necesidades.

Aquello a lo que no estamos dispuestos a renunciar.

Estas decisiones representan un compromiso con nosotros mismos que estamos decididos a respetar. ¿Y es que hay algo tan importante digno de esa firmeza y de esa constancia?

Y sí lo hay, ese respeto por nuestra dignidad humana de no permitir que nadie nos irrespete, que nadie infrinja nuestros valores. Hay un extenso terreno donde ser flexible y una pequeña frontera que es sano que permanezca fija. Saludable, porque protege lo que consideramos valioso para nuestras vidas, manteniéndolo fuera del alcance de quien lo pretenda cambiar o controlar.

En cuanto a lo que es "no negociable", por tanto, entran tanto grandes pilares de nuestra identidad (vida espiritual, convicciones políticas, principios éticos, etc) como hábitos cotidianos (reservar tiempo para nosotros mismos, llevar una alimentación determinada, vestirnos con nuestro propio estilo, etc).

Se refiere a aquello que es inquebrantable, que no estamos dispuestos a renunciar y vamos a defender con capa y espada.

Factor 4

Inspiración, ideación, implementación: definir un plan de ideas para llevarlo a cabo.

Busca eso que te apasiona y que te hace feliz e inspírate a generar ideas, a desarrollarlas y ponerlas a prueba para luego implementarlas y ejecutarlas. Pon en marcha esa idea programada. Si no la ejecutas solo se quedará en eso, solo ideas y de ahí no pasará.

Factor 5

Factor X: Acción radical: trabajo constante hasta conseguirlo. Todo es posible. Tú lo harás posible.

Este factor es una cualidad que tienen las personas para ser únicos. Es un elemento desconocido o inexplicado que hace que algo sea más interesante o más valioso.

X acción radical: es la acción radical para conseguir ese factor es decir el factor X es lo que nos diferencia.

El poder de la diferenciación, el poder de ser originales de ser nosotros mismos con lo que hacemos. Somos únicos y tenemos que tener una acción radical para conseguir esa autenticidad y esa diferenciación; aunque para poder conseguirlos debes tener un trabajo constante. El factor X que necesitan las personas que las hace únicas y diferenciales entre los millones de personas que nos encontramos en el planeta.

La conjugación de todos los factores mencionados te dan la posibilidad de avanzar y renacer como una persona distinta que transformó su vida por completo.

Debemos elegir el futuro, elegir que somos capaces de ser diferentes y mejores. La felicidad, el éxito, los limites no negociables, la ideación, la inplementación y el factor x son nada más herramientas aplicables para superar cualquier obstáculo.

A ti que lees este libro, yo solo espero ser parte del comienzo de una gran historia contigo. Creo fielmente en lo que está aquí escrito, y necesito compartirlo contigo para que te convenzas de que el poder para que todo sea posible está en tu mente y en nada más. Con humildad y amor te digo que puedo ser parte del cambio que deseas tener. Las grandes decisiones y los sueños personales no se dejan al azar, se buscan. Piensa en mí e inspírate. ¿La receta de mi éxito? Creer en mí y no rendirme. Si yo pude, tú también podrás hacerlo.

LAS FOTOS DE UNA MUJER VALIENTE

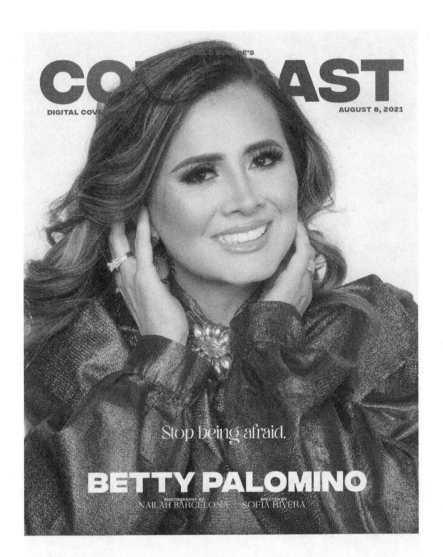

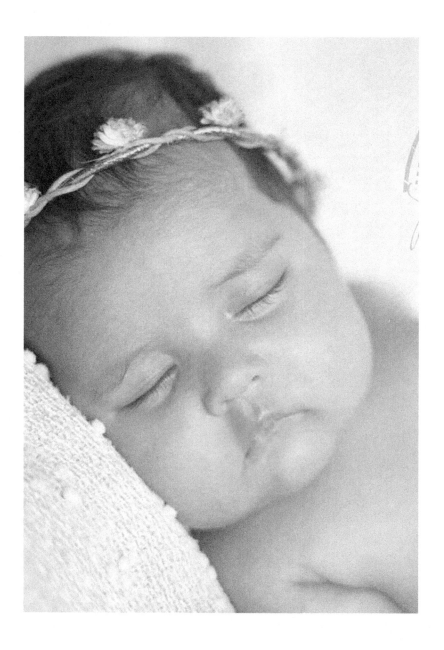

Si quieres conocer más de mi puedes visitarme en:

https://betty360.com/

Betty Palomino

Made in the USA
Las Vegas, NV
28 February 2022

Colección
EMPRENDIMIENTO
Y CRECIMIENTO PERSONAL